【徹底比較】

仏教とキリスト教

大法輪閣編集部［編］

大法輪閣

【徹底比較】仏教とキリスト教

目次

第一章　仏教とキリスト教　ここが違う……7

第二章 仏教を、より深く知るために……63

装幀……山本　太郎

第一章

仏教とキリスト教　ここが違う

【I】ブッダとキリストの生涯

服部 育郎／岩島 忠彦

ブッダの母・摩耶夫人《まやぶにん》とは

ブッダの本名はゴータマ・シッダッタ（パーリ語。サンスクリット語ではガウタマ・シッダールタ）で、釈迦族出身なので「お釈迦さま」「釈尊」とも呼ばれている。父は釈迦族のスッドーダナ王（浄飯王《じょうぼんのう》）、母は王妃マーヤー。母のマーヤーは「摩耶」などと音写され、王の妃であるため摩耶夫人と呼ばれる。久しく子どもに恵まれなかったようだが、待ち望んだシッダッタを身ごもった彼女は、出産のために実家へ戻ろうとした。しかし、途中にあるルンビニー園に立ち寄った時、急に産気づき、その地でシッダッタを出産することになる。そこルンビニーは現在のネパールに属しており、ここがブッダの生まれた土地であることは考古学的にも確認されており、現在は、仏教徒の巡礼地となりマーヤー夫人堂が建てられている。

しかしながら、難産であったためか産後の肥立ちが悪く、摩耶夫人は出産七日後に亡くなってしまう。生みの親なき後は、彼女の妹に当たるマハーパジャーパティーが王の後妻となって、シッダッタの育ての親となっている。

キリストの母・聖母《せいぼ》マリアとは

キリストの母マリアは、キリスト教にとって信仰の中心的対象ではない。しかし、教会の始めからマリアに対しては、親しみを込めた特別の敬意が払われてきた。それは聖母、神の母、処女《おとめ》マリア、教会の母といった敬称に表れている。

新約聖書にはキリストの言葉や行い、さらには運命を語る四つの福音書《ふくいんしょ》が含まれている。その中でもマリアの処女懐胎《しょじょかいたい》について語るのはマタイとルカである。マタイでは、ヨセフが婚約者マリアの妊娠に気づき、密《ひそ》かに離縁しようとする。しかし夢でお告げを受ける。マリアは聖霊《せいれい》によって身ごもっているのであり、生まれてくる男の子は救い主《ぬし》である、と告げられる。そこでヨセフは、マリアを妻に迎えた。マタイはキリスト誕生まで、マリアと交渉を持つことはなかったと強調している。

ルカ福音書は、同じことをマリア側《がわ》から語っている。天使ガブリエルがナザレの少女マリアに現れて、彼女が身ごもり男子を産む、彼は神の子であり、メシア（ギリさて、偉大な宗教家となった人物の生涯は神話的また奇跡的な出来事を交えて語られることが多い。仏教の開祖も例外ではない。仏教発展の過程で、偉大さと尊敬の気持ちが強調され、「偉大な人」が「普通の人ではない」、さらには「人間以上の存在」へと見方が変わっていく。ただ、こうしたブッダ観の変化には、ブッダを慕う気持ちや救いを求める人々の願いも込められているのだろう。

摩耶夫人の托胎《たくたい》や出産に関しても多くの伝説がある。よく知られている例としては、白い象が天から下りて身体に入る夢を見て、摩耶夫人はシッダッタを身ごもったとされ、時がたちルンビニー園に至っては、美しい花をつけたサーラ樹（アショーカ樹との伝承もある）の枝に手をさしのべた時に、夫人の右脇からシッダッタが誕生したというのである。そして、彼は生まれるとすぐに七歩あるいて、右手を上にして天をさし、左手を地に向けて「天上天下《てんじょうてんげ》唯我《ゆいが》独《どく》尊《そん》」と宣言したと伝えられる。現在、花まつり（灌仏会《かんぶつえ》）の際にまつられる誕生仏は、この姿をあらわしている。（服部）

摩耶夫人の夢のレリーフ

シャ語でキリスト。救い主の意）となる、と語る（＝受胎告《じゅたいこく》知《ち》）。マリアは自分が処女であるのに、なぜ子を宿すのかと問う。すると天使は神の力である聖霊がそれを可能にすると言う。そこでマリアは神の意思を受け入れる。それゆえ、マルコ福音書は、男親の名を記す慣習に反して、キリストを「マリアの子」（6・3）と呼んでいる。

マリアの処女懐胎は、後から作られた話ではない。むしろ初期キリスト教の敵対者が、キリストを不品行《ふひんこう》の末に生まれた者だと言い出したようである。教会はマリアの聖霊による処女懐胎を、事実として信じ続けてきた。なぜそのようなことがあり得るのかは分からないが、この伝承を否定する堅《けん》固《ご》な根拠は存在しない。

新約聖書では、カナにおけるブドウ酒の奇跡、十字架上でのキリストの死、教会の誕生の時点においても、マリアが登場している。（岩島）

受胎告知（フラ・アンジェリコ画）
マリア（右）と天使ガブリエル。

ブッダの誕生

シッダッタの誕生が何時《いつ》であったかついては諸説がある。ただ、多くの経典が八十歳で亡くなったとするため、逆算して考えると、たとえば、西暦前六二四年（スリランカやタイなど南方仏教の伝説による）、西暦前五六三年（スリランカの歴史書『島史』『大史』などによる）、西暦前四六三年（アショーカ王即位年代などから推定、中村元博士の説）などとかなりの相違が見られる。

　また、シッダッタが、生みの親である摩耶夫人について知らずに育ったこと、王位を継ぐべき立場であり、父王もそう願っていたことも注目すべきである。そのことが後の人生に影響を及ぼしていることは否定できない。王子として育ったシッダッタは、経済的には恵まれた環境に育った。宮殿は冬・夏・雨期のためそれぞれ用意され、美しい蓮華の花が咲いていたというし、衣類も上質な繊維でつくられたものを身につけていたという。しかし、そうした恵まれた生活には満足できなかった。

　青年時代は繊細であり物思いに耽《ふけ》るタイプだったようである。後に若い頃を回想して語っている文章が経典

キリストの誕生

ヨセフとマリアが、「ベツレヘムにいるうちに、マリアは月が満ちて、初めての子を産み、布にくるんで飼《か》い葉桶《ばおけ》に寝かせた。宿屋《やどや》には彼らの泊まる場所がなかったからである」（ルカ2・6〜7）。ルカ福音書《ふくいんしょ》は、さらに、野宿していた羊飼いたちに天使が現れて「あなたがたのために救い主《ぬし》がお生まれになった」（2・11）と告げ、彼らは最初に救い主キリストを礼拝《れいはい》したと述べる。貧しく素朴な人々が恵みの最前線にあるとされているのである。

　これに対してマタイ福音書では、（三人の）「王たち」（または「博士《はかせ》たち」）の礼拝を中心として語られる。彼らは東方で星を見つけ、この星に導かれて幼子《おさなご》のもとにたどりつく。その前に、彼らはヘロデ大王の宮殿を訪ねる。「ユダヤ人の王」（2・2）は王宮に生まれると思ったからである。すると、ヘロデは生まれた子キリストを殺そうとする。これに対してヨセフはマリアと幼子を連れてエジプトへと逃避する。ヘロデの死後、彼らはエジプトから帰り、ナザレに住むことになった。マタイはキリストの誕生が、世界中の王たちも礼拝する重要なことで

にある。要約して伝えよう。そこには「わたしはこのように裕福であったけれども、このような思いがおこった〈人はだれもが老いるのを免れないのに、他人が老衰したのを見て、考えこみ、悩み、恥じて嫌悪している。これはわたしにふさわしくない〉と。このように観察した時、青年の意気は消え失せてしまった」と書かれている。

　この文章は、その後「病」と「死」についても同様に繰り返されており、誰もが避けられない、そして、なによりも自分自身が避けられない老・病・死について自覚したことを語っている。さらに外に目を向けると、社会では戦いが繰り返され、互いに殺し合いがおこっている。世の理不尽さ、生きるという苦しみを真剣に悩み考えだしたのである。

　なお、成長したシッダッタは、十六歳（あるいは十七歳）の時に結婚する。妻はヤショーダラーと呼ばれ、授かった息子はラーフラと名付けられた。（服部）

可愛い誕生仏（ルンビニー）

あることを語ろうとしている。それだけではない。キリストがエジプトから帰還《きかん》したと語ることを通して、彼が新たな出《しゅつ》エジプト、つまりモーセを超える神の業《わざ》を行う者であることを示そうとしている。

　クリスマスの日中ミサでは、ヨハネ福音書の冒頭が朗読される。その中心的章句《しょうく》は、「言《ことば》は肉となって、わたしたちの間に宿られた。わたしたちはその栄光を見た。それは父の独り子としての栄光であって、恵《めぐ》みと真理とに満ちていた」（1・14）である。父である神ご自身がこの世に御子《みこ》を遣《つか》わして下さった。このような神の人類への贈り物を感謝し祝うのがクリスマスである。

　キリストの誕生を祝う習慣は、ローマ帝国の太陽の誕生の祝い（十二月二十五日）を引き継いで生まれた。馬小屋、クリスマスツリー、サンタクロースなどは、歴史の中で徐々に付け加わった風習である。（岩島）

エジプトへの避難（ジオット画）
馬上の女性がマリアで、抱かれているのが幼子のキリスト。

ブッダの出家

シッダッタの悩みは苦を克服したいという願いに変わる。二十九歳の時のことである。出家の決意であった。出家とは、家庭生活から離れて専心に修行を行うこと。当時は伝統的なバラモン教とは別の自由思想家たちが多く現れ、彼らは沙門《しゃもん》とよばれ、遍歴しながら修行していた。シッダッダも沙門の一人になったのである。

出家の動機と決意は、後に「四門出遊《しもんしゅつゆう》」と呼ばれる伝説で語り継がれることになる。それは、悩みに沈む息子をみた父王は、シッダッタを楽しませて出家の気持ちが起きないようにと、ある日に東の城門から車に乗って出かけさせた。すると、痩せ衰えた老人に出会う。次に南の門から出た時には病人、西の門から出た時には死人に出会うことになる。老・病・死という避けられない苦しみを見たのである。そして、最後に北の門から出た時に生き生きと修行する出家者の姿を見て、苦しみを克服する道を出家に求めたというのである。これは歴史的な事実ではないかも知れないが、出家の動機がうまく説明されている。

キリストの家族からの離脱

「この人は、大工ではないか。マリアの息子で、ヤコブ、ヨセ、ユダ、シモンの兄弟ではないか。姉妹たちは、ここで我々と一緒に住んでいるではないか」（マルコ6・3）。キリストが福音宣教《ふくいんせんきょう》を始められてからの、ナザレの人々の反応である。兄弟姉妹とは、近しい親戚縁者を指しているのだろう。キリストはその町で、彼らと家族ぐるみのつきあいをし、父ヨセフから生業《なりわい》を習得し受け継ぎ、母マリアと共にナザレで暮らしていたと思われる。

キリストはこのような通常の生活（＝私生活）を捨てて、公《おおやけ》の使命を体現する生活（＝公《こう》生活）へと移った。それは、赤子のころから三十歳になるまでの生活環境をすべて捨て、たぶん母子家庭であった母マリアをも置き去りにしてきたということを意味する。ちなみにキリストの公生活の期間は長くても三年ほどであったと思われる。

「イエスがなお群衆に話しておられるとき、その母と兄弟たちが、話したいことがあって外に立っていた。そこで、ある人がイエスに、『御覧なさい。母上と御兄弟たちが、お話ししたいと外に立っておられます』と言っ出家を決意したシッダッタは、商業都市として栄えていたマガダ国の首都ラージャガハ（王舎城）へ向かう。この国のビンビサーラ王は托鉢している彼の姿に心打たれ、自分の財産と軍隊を提供するから力になってくれないかと言う。しかし、シッダッタは「わたしは欲望を離れ、さとりを求めて世俗から離れたのです」ときっぱりと断る。王もその決意が固いことを知ると「あなたが目的を達成し、さとりを開かれたならば、最初に私に教えを説いてください」と約束し去って行ったという。

シッダッタの修行についていえば、最初、二人の瞑想（禅定《ぜんじょう》）の専門家のもとで、その後は当時の代表的な実践方法であった苦行をおこなっている。その期間は六年（または七年）とされ、過酷な断食などで、身体は痩せ細ってしまう。しかし、瞑想と苦行の実践では根本的な解決は得られなかった。そこで、苦しみを徹底的に観察し、根本的な克服のための、智慧を得る瞑想によってさとりを開くのである。ブッダ、目覚めた人とよばれるようになった。

（服部）

苦行像（ガンダーラ出土）

た。しかし、イエスはその人にお答えになった。『わたしの母とはだれか。わたしの兄弟とはだれか。……見なさい。ここにわたしの母、わたしの兄弟がいる。だれでも、わたしの天の父の御心《みこころ》を行う人が、わたしの兄弟、姉妹、また母である』（マタイ12・46～50）。公生活におけるこのエピソードは、キリストが家族の絆《きずな》を相対化してしまっていることを表す。なぜか。彼にとって神の福音がより重要であったからである。そしてその「天の父の御心」とは、人に対する無制限の慈《いつく》しみと愛であった。

このようなキリストに従うために、キリスト教の司祭《しさい》や修道者《しゅうどうしゃ》は、それまでの家族との縁を一度切り、自らも家族を持たず、神の御心であるすべての人に対する慈しみと愛を、己《おの》が身をもって生きようと努めている。

（岩島）

キリストの洗礼
（ヴェロッキオ、ダ・ヴィンチ画）
ヨハネ（右）から洗礼を受けたことが、キリストの公生活の始まりとされる。

ブッダの修行と悪魔との対決

仏典には悪魔がたびたび登場する。修行中のブッダにもつきまとい、話しかけ、誘惑する。原語では「マーラ」「ナムチ」「カンハ」「パーピマン」などと呼ばれている。その「悪魔」とは何を意味するのか。多くの場合、経典にみられる悪魔とは、出家の決意や修行などの邪魔をする、とまどい、欲望、障害などを象徴的にあらわしているのだろう。つまり煩悩である。悪魔との戦いとは煩悩との戦いにほかならない。

ブッダが修行していた時、悪魔が誘惑して修行を妨害した例が伝えられている。たとえば、悪魔の三人の娘たちが誘惑しようと試みたという話。娘たちの名前はそれぞれ、タンハー（渇愛）、アラティ（不快）、ラガー（快楽）とされている。彼女たちはブッダに近づいて誘惑するが、ブッダはその誘いを気にもとめない。企《くわだ》てが失敗に終わった悪魔の娘たちは、いろいろな年齢の女性に身をかえて誘惑するがやはり無駄であった（『相応部経典』）。また、『スッタニパータ』では、悪魔の軍隊として八種類を数えている。その八つとは、①欲望、②嫌悪、③飢渇、

キリストの修行と悪魔との対決

キリストはナザレでの生活において、すでに神との親しい関係にあったと思われる。その神は、彼が後に「アバ」（＝パパ）と呼ぶほどの善き方であった。同時に、人の世に無慈悲と利己心《りこしん》が支配しているのを見ていた。こうした矛盾する現実を抱え、キリストはいわば出家し、修行に入っていった。

彼が最初に身を寄せたのは、己《おの》が罪の悔《く》い改《あらた》めを説いた洗礼者《せんれいしゃ》ヨハネの洗礼運動であった。キリストは自らもヨルダン川沿《ぞ》いの荒野《こうや》で洗礼を受け、その教団に留《とど》まり、この運動に積極的に参画《さんかく》していたと思われる。福音書によれば、キリストはそこで彼のメシア的使命を受けたとされる。

彼の修行はそれだけでない。「御霊《みたま》がイエスを荒野に追いやった。イエスは四十日のあいだ荒野にいて、サタンの試《こころ》みにあわれた」（マルコ1・12～13）。サタンはこの世の栄耀栄華《えいようえいが》のすべてを見せ、それをキリストにすべて与えると言う――自分の前にひれ伏すという条件で。キリストはこれを退《しりぞ》け、自分の福音宣教《せんきょう》を始める。

④渇愛、⑤怠惰や睡眠、⑥恐怖、⑦疑惑、⑧偽善と強情、である。これらはすべて、人間が本来的にもっている欲望、不安、迷い、怠け心、などを表しているといえよう。ブッダはこのような悪魔の誘惑を克服していく。もちろん修行中の弟子たちにもあらわれる。時には女性修行者のところへ現れて「生まれたものは、情欲を享受します。情欲の快楽を楽しみなさい。あとで後悔することがないように」とささやく。

興味深いのは、悪魔が誘惑や妨害に失敗し、あきらめて去って行く際に語る決まり文句が「釈尊（弟子たち）は私のことを知っておられるのだ、幸せな方は私のことを知っておられるのだ」であることだ。悪魔はそう言って、「打ち萎れ、憂いに沈み、その場で消えうせる」のである。…つまり、悪魔を打ち砕く最強の武器はその正体を見破ることといえよう。正体を見破られた悪魔は消えていく。『ダンマパダ』では「智慧の武器によって、悪魔と戦え。勝ち得たものを守れ」と述べている。（服部）

降魔成道のレリーフ（ガンダーラ出土）

キリストは、神の支配（＝神の国）の到来を告げた。それは、エゴイズムと不正へと縛り付ける悪魔の桎梏《しっこく》から人々を解放するためである。その原点に悔い改めを説くヨハネ、そしてこの世の罪の力に着くか神の慈《いつく》しみの御《み》心《こころ》に着くかの誘惑があった。キリストはこの誘惑に自ら打ち勝った。つまり、自分の命を自分のために使うのではなく、他者を生かし支えるために用いると決意したのである。

こうして彼自らの修行の道は、より多くの人々に神の福音を述べ伝えるという使命へと転換していったと思われる。

キリスト教の教理によれば、人間を根本から規定するものは、罪と恩恵の力である。原罪《げんざい》と呼ばれるほどに普遍的な罪の力を脱し、神の善と生命の力に生かされること、これが救いである。（岩島）

荒野のキリスト（クラムスコイ画）

ブッダの弟子たちの布教と教団

ブッダの教えに心打たれた人たちが集まってきた。同じ目的を持った人たちが集まって仲間が増えていく、教団（サンガ、「僧伽」と音写、「和合衆」と意訳）の成立である。ひとたびサンガに入れば、異なった川が大海に注ぐように、以前の出身や階級などに関係なく全員が平等に扱われた。では、弟子たちは何を目指してブッダのもとに集い、修行したのだろうか。

師であるゴータマ・ブッダは修行の結果、さとりをひらき、理想の境地に到達した。そして、教えを説く決意をする。ここが仏教の特徴だと思うのだが、仏弟子たちもブッダを目指したのである。ブッダという語は、仏教の開祖を指す固有名詞のように使われるが、本来は「目覚めた」また「目覚めた人」という意味である。苦しみについて、その原因について、さらには、理想の境地について、そこへ至る道について、気づき目覚めた人である。ゴータマ・シッダッタが、目覚めた人になったことで、ゴータマ・ブッダと呼ばれたのである。

仏弟子たちも、同じように、煩悩の悪魔を制御して、

キリストの弟子たちの布教と教団

キリストの神の国の宣布《せんぷ》が始まった。それは、人の心に神の御旨《みむね》を実現させ、人が愛に生きることができるように解放をもたらすことであった。「種まく人」のたとえ話のように、これは地道で労力を要することであった。そこでキリストは早い時期から弟子たちを集め、行動を共にした。

「彼らを自分のそばに置くためであり、さらに宣教《せんきょう》につかわし、また悪霊を追い出す権威を持たせるためであった」（マルコ3・14～15）。彼らもキリストと同様に、言葉と癒《い》やしの業《わざ》を通して神の国の到来に協力したようである。弟子たちの中核となるのが、ペトロを始めとする十二弟子である。

キリストは群衆を惹《ひ》きつけたが、彼らを組織して教団を形成するような行為は一切取っていない。やがて群衆のキリスト離れが始まり、指導者層の敵意がつのり始めると、多くの弟子たちは、キリストの許《もと》を去って行った。十二弟子は最後までキリストに付き従い、受難《じゅなん》直前の最後の晩餐《ばんさん》において、キリスト亡き後の神の国の業を

智慧を得て、理想の境地を求めたのである。ブッダとなるための道を、追体験しようとしたのである。実際に、目覚めた人となりブッダと呼ばれた人は仏弟子の中にもいたようだし、文献をみると「ブッダたち」という複数形も見られる。たとえば、チャンナという名の弟子は語っている。「全知である最上の智慧ある人（ブッダ）によって説かれた、大いなる味わいのある、偉大な人の教えを聞いて、わたしは、不死を得るために道を実践した。あの方は安穏の道を究めておられる」（『テーラガーター』）と。

仏弟子も他のもののよき指導者、導き手となる。ゴータマ・ブッダが示した教えを実践して安楽に達した者は同じく道案内が出来るのである。ブッダは「如来は道を教える人です」と述べている。実際に原始仏典を読んでいると、仏弟子が教えを説いている箇所も少なくない。

そして、特に著名な者たちが後には八十大弟子とか、十大弟子としてその名前がすぐれた特徴・能力とともに列挙されている。

（服部）

仏弟子・アーナンダ像（スリランカ・ポロンナルワ）

委託《いたく》されたと思われる。

教団と呼べるキリストの教会が成立したのは、彼が死に、さらに復活して十二弟子の前に現れてからである。彼らは、キリストの贖《あがな》いの死と救いの復活を宣《の》べ伝え、そこに初めて教会が成立した。弟子たちは「使徒《しと》」と呼ばれ、エルサレム教会を中心に宣教に専念した。これに使徒パウロが加わり、キリスト教会はユダヤ教の境界を越えて広がっていった。

信者たちが「クリスチャン」と呼ばれ始めたのは、かなり早くからのようである。復活したキリストと結ばれ、一体となってキリストに従って行こうとしていたからである。

二千年経った今も、教会とキリスト教徒は、すべての人にキリストを伝え、神の国をもたらそうとしていることに変わりはない。

（岩島）

最後の晩餐（フラ・アンジェリコ画）

ブッダが行った奇跡

奇跡とは「常識で考えては起こりえない、不思議な出来事や現象」と辞書にある。すると、ブッダが教える苦しみからさとりへの実践に関しては、そこに奇跡はみられないといえよう。しかし、仏典を読んでいると、ブッダがおこなった奇跡的な行為が数多く記されていることに驚く。奇跡に関して仏典でまず思い出すのは「神通」（一般の人間の能力を超えた、自由自在の活動能力、超人的な能力）という言葉。当時、禅定《ぜんじょう》などを修めることで偉大な宗教者は何らかの神通力をもつと考えられていた。一般には六神通が知られている。

①神足通《じんそくつう》＝空中を飛行したり、身体を思いどおりに変えたりする力。

②天耳通《てんにつう》＝普通は聞けないような小さな音でも聞くことのできる力。

③他心通《たしんつう》＝他人の心を見抜く力。他人の考えていることを知る力。

④宿命通《しゅくみょうつう》＝自分および他人の過去世の状態や運命を知る力。

キリストが行った奇跡

キリストの奇跡の大半は癒《い》やしの奇跡である。重い皮膚病を始め、目が見えない、手足が利《き》かないなどの身体的障害から、今日の精神疾患《しっかん》と思われるものまで様々である。病気の癒やしは多くの場合、悪霊追放を伴っている。

聖書でこうした奇跡は、神の国到来のしるしと見なされている。キリストの福音《ふくいん》は言葉よりもむしろ行い、とくに困窮《こんきゅう》した人々への慈《いつく》しみの業《わざ》によって示された。その典型が病の癒やしである。当時の世界観によれば、人の運命、とくに病気や障害は、宇宙に存在する諸霊《しょれい》の縛りに起因すると見なされていた。キリストはこれに対して、神の生命力、すなわち聖霊《せいれい》と力に満ちていたとされる。サタンの支配下で窮状《きゅうじょう》にある人々を悪霊追放によって解放し、健康な体と精神を返す。それが福音書によるキリストの奇跡である。「わたしが神の霊で悪霊を追い出しているのであれば、神の国はあなたたちのところに来ているのだ」（マタイ12・28）。

癒やしより数は少ないが、印象的な奇跡は、数千人へ

⑤天眼通《てんげんつう》＝人の未来を予知する力。あらゆるものを見通す能力。

⑥漏尽通《ろじんつう》＝煩悩（漏）がまったく滅尽したことを知る力。

例をあげると、ブッダは説法を始めて間もないころ、カッサパという三兄弟（火の行者）を神通力によって調伏《ちょうぶく》したというし、後に、舎衛城《しゃえじょう》では「双神変《そうじんぺん》」（身体から火と水を同時に出した）などの数々の神変を現したとも仏伝には記されている。

　こうした奇跡的な出来事、神通力などは、深い修行を積んだ研ぎ澄まされた精神をもつ者だからこそ可能な能力という面もあるだろう。私たちにも経験を積むと見えなかったことが見えてくるという経験がある。普通の人と比べると、ブッダの能力が超人間的で不思議な力と映るかもしれない。この点からは、こうした神通力にも、事実を伝えている部分があるかもしれない。しかし、経典でのこうした描写には、ブッダや弟子たちの偉大性を強調する神格化や、異教徒をやり込めたことを劇的に表現するなどの、経典編纂者による文学的表現の影響もあるといえよう。そしてなにより、神通力は身の危険や教化のためにやむをえない場合を除いて用いてはならないとブッダが教えていることは重要である。（服部）

のパンの供食《きょうしょく》、大漁、嵐を鎮《しず》めるなどの、自然奇跡と呼ばれるものである。通常の自然法則を超える神の力が示されているからである。とくにパンの増加の話にどのような史実が秘められているかは分からないが、キリストの福音が、ガリラヤ地方の多くの人々に、喜びと祝福をもたらしたことを雄弁に語っている。神からの「善い行い」（使徒言行録10・38）は、人間を束縛する悪しき力から解放するのみならず、人の生活圏、さらには自然界にまで豊かさと平和をもたらしている。総じて自然奇跡はこのようなことを語ろうとしているのではなかろうか。

　キリストは事実、人を癒やす力を有していたのであろう。しかし、それは自己の超自然的な力の誇示《こじ》としてではなく、人への共感と同情の発露《はつろ》として示されている。神の慈しみと赦《ゆる》しの証《あかし》の業である。

　今日においても、マザー・テレサやコルベ神父などの無私《むし》の生き方こそ、キリストの奇跡に近い驚くべき業であると言えよう。（岩島）

中風患者の治癒（ペッレグリーニ画）

ブッダの死

ブッダは八十歳で亡くなっている。八十歳になった時、弟子たちと共に、ラージャガハから北へ向かって旅に出た。生まれ故郷であるカピラヴァットゥに向かったと思われるが、途中で体調を壊し、体力をなくしていく。歩くのも大変だったであろう。この旅の出来事は原始仏典の一つ『マハーパリニッバーナ経』（現代語訳は中村元『ブッダ最後の旅』岩波文庫参照）に詳しく、晩年の教えを知る貴重な資料になっている。

その中で、ブッダは自らを「わたしは老齢に達した。古い車が革ひもの助けによってやっと動いているように、私の身体もそのようなものだ」と語っている。しかし、一歩一歩進んでいく。死を予感したのだろうか、この途上でブッダは弟子たちに大切なアドバイスをいくつか残している。ブッダがいなくなって何をよりどころとすればよいかと不安になっている弟子に対して「わたしはこれまで内外の隔てなく教えを説いてきた。何か弟子に隠すような教師の握りこぶしはない」と述べ、「自分自身と、教えとしての真理（法）をたよりにしなさい、それ

キリストの死

キリストの公《こう》生活は、神の正義と愛を証《あかし》する言葉と積極的行動によって導かれていた。しかしこれらの行為は、宗教家、金持ち、政治家などの指導者層の反感と敵意を生む結果となった。既成《きせい》の社会秩序を破壊する危険を見て取ったからである。

このような状況に直面して、キリストはこの世の邪悪な力と対決するのではなく、自分の命を犠牲にすることを、神から課《か》された自分の使命として受け止めたようである。

後にパウロは次のように記している。「キリストがわたしたちのために死んでくださったことにより、神はわたしたちに対する愛を示されました」（ローマ書5・8）。命を賭《と》した最終的福音《ふくいん》の証である。しかもそれは受難《じゅなん》と十字架という苦渋《くじゅう》の死であった。

キリストはエルサレムの高間《たかま》で最後の晩餐《ばんさん》を主宰《しゅさい》し、ゲッセマネの園《その》で祈り、そこで捕縛《ほばく》された。大祭司《だいさいし》カイアファとローマ総督《そうとく》ピラトによる二つの裁判で死刑を宣告され、城外のゴルゴタの丘まで十字架を担《にな》い、そこで

以外にたよりになるものはない」と語る。そのように学び実践する人は、修行者として最高の境地にいるのだとも述べている。

　さて、ベールヴァ村では「恐ろしい病が生じ、死ぬほどの激痛がおこった」とあり、クシナーラー近くのパーヴァーの町では、鍛冶工の子チュンダが供養した料理がもとで「赤い血がほとばしり、死にいたる激痛が生じた」と記されている。その後も身体の苦痛に耐えながら旅を進めていたのだが、クシナーラーで、「二本並んだサーラ樹（沙羅双樹）のあいだに、頭を北に向けて床を用意してくれ」と弟子に告げ、「すべては移り変わるものである、怠ることなく努力し、修行を完成しなさい」という言葉を残して、静かに入滅するのである。

　ブッダの願いは、救いを求めて集まった弟子たち自らが、ブッダになる道を歩み、それぞれが「ブッダ」になって欲しかったのだろう。（服部）

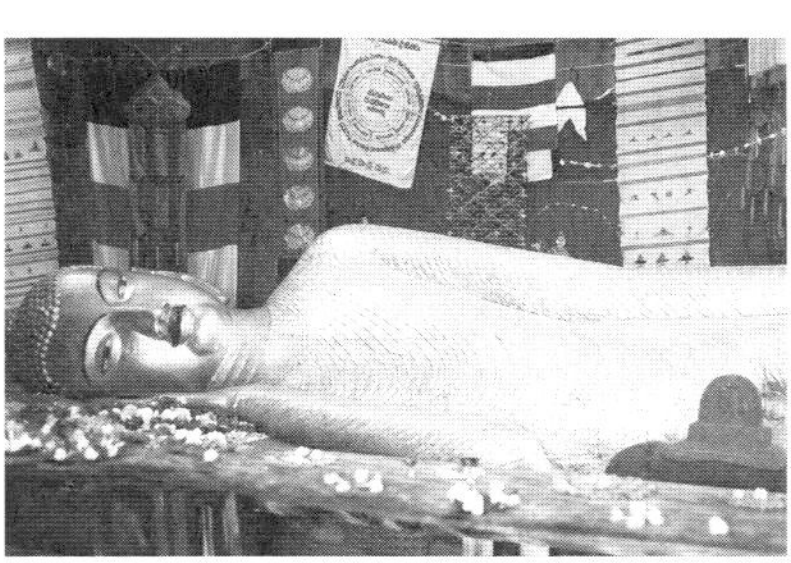

インド・クシナーラーの涅槃像

磔刑《たっけい》に処《しょ》せられて地上での生を全《まっと》うした。その間、鞭打《むちう》ちや茨《いばら》の冠などの苦しみと嘲弄《ちょうろう》を受けている。

　十字架はキリスト教の中心的シンボルとなった。信者たちも、「自分を捨て、日々、自分の十字架を背負って、わたし（キリスト）に従いなさい」（ルカ9・23）と呼びかけられている。

　しかし、キリストの受難と死は、最後のメッセージではない。四つの福音書は、すべてキリストの復活で結ばれている。キリストは死線を越えて、父である神と一致し、かつ同時に信仰者と共に留《とど》まる普遍的存在となった。このことが意味あるキリストへの信仰を可能としている。

　マタイ福音書の最後の章句、復活したキリストの言葉を引用しておく。

「わたしは世の終わりまで、いつもあなたがたと共にいる」（28・20）。（岩島）

キリストの磔刑（ルーベンス画）

【Ⅱ】仏教とキリスト教の教え

蓑輪 顕量／竹内 修一
森 章司／阿部 仲麻呂

ブッダの目指したものとは

ブッダの目指したものは悩み苦しみのない生き方であり、それはよく整えられた自己、言ってみれば人格の完成でもある。

人間は小さい頃の我《が》の無い段階から、しだいに自我《じが》を確立させていき、自我意識を形成する。しかし自我意識が肥大化し、何事も自己を中心に考えるようになると、様々な悩み苦しみが生じるようになる。この自己中心的な自我から脱却し、それが自らの心が作り出した幻影であることを自覚し、自己が孤立した存在ではなく、あらゆるものとつながっていることを再確認することによって、悩み苦しみから抜け出て生きていくことを目指すのである。

そのための具体的な方法として説かれたものがサマタ（止《し》）やヴィパッサナー（観《かん》）と呼ばれる修行であった。その代表的なものが四念処観《しねんじょかん》である。これは身体、感受、心の働き、誰にでも必ず起こる心の働きを対象として、それを気づくという独特の観察方法であった。同じく初

キリストの目指したものとは

イエス・キリスト。〝イエス〟という名は、ユダヤ人の間では珍しいものではない。その意味は、「ヤーウエ（主《しゅ》）は救い」。一方、〝キリスト〟は、人名ではなく、「油を注《そそ》がれた方」という意味のヘブライ語〝メシア（救い主《ぬし》）〟のギリシア語訳である。

イエスの生涯は、約三十三年位と言われる。彼は、三十歳頃に公《こう》生活を始めたが、それ以前の彼の生涯については、ほとんど知ることができない。しかし、その後の彼のことばと行いについては、新約聖書《しんやくせいしょ》の『福音書《ふくいんしょ》』[註1]に見ることができる。「時は満ち、神の国は近づいた。悔《く》い改《あらた》めて福音を信じなさい」（マルコ1・15）——これが、イエスの公生活における最初のことばである。

「時が満ちる」とは、終末における救いの時。終末とは、神による裁《さば》きの時とも言われるが、その本質において、神の計画が成就《じょうじゅ》する救いの時・希望の時である。「神の国」（バシレイア）とは、神が「王」（バシレウス）として支配すること。[註2]言い換《か》えれば、それは、「神の思い」が実現する

期の仏典であるサティパッターナスッタ（念処経）の中に
「比丘《びく》たちよ。比丘は世間の貪欲《とんよく》による心の悩みを調《ちょう》伏《ぶく》して、（1）身体について身体を観察し、熱心に、正しく知り、思念をもって住する。（2）世間の貪欲による心の悩みを調伏して、感受について（以下、同）（3）世間の貪欲による心の悩みを調伏して、心について（以下、同）（4）世間の貪欲による心の悩みを調伏して法について（以下、同）」

（『原始仏典・中部経典』春秋社、一三七ページ）

と説かれている。このように、心の働きを気づき続ける観察を通じて、私たちは苦しみの原因となっているものが、自分の心が外界の刺激を受け止めてから起こす、馴染みの反応であることを知ることになる。ここに智慧が生じ、また自然と世界とのつながりを実感する喜びが生じる。このように、自己を中心とするエゴに満ちた自我から離れ、新たに整えられた自己のもとに生きることが、ブッダによって目指された。また仏教の学びは、伝統的に三学《さんがく》（戒・定《じょう》・慧《え》）という言葉で表現されたが、それは、どのような手順を踏んで目指された境地へ到達すべきかを表してもいる。

（蓑輪）

時と場である。それゆえ、「神の国」は、今ここにおいても実現する。例えば、イエスはこう語る――「わたしが神の指で悪霊を追い出しているのであれば、神の国はあなたたちのところに来ているのだ」（ルカ11・20）。

イエスにおいて、「神の国」は、端的《たんてき》な事実となった――これが、「福音」にほかならない。この福音にこそ、人間の真の仕合《しあわ》せはある。それに与《あずか》るために、私たちに求められること、それが「悔い改め」である。「悔い改め」とは、単なる生き方の是正《ぜせい》ではない。自分の全存在を、神の方へと根本的に向けることである。それゆえ、それは、「回心《かいしん》」とも言われる。

《重要な福音》ファリサイ派の人々が、神の国はいつ来るのかと尋ねたので、イエスは答えて言われた。「神の国は、見える形では来ない。『ここにある』『あそこにある』と言えるものでもない。実に、神の国はあなたがたの間にあるのだ」（ルカ17・20―21）。

《註1》『マタイによる福音書』『マルコによる福音書』『ルカによる福音書』『ヨハネによる福音書』の四書で、そのうち最初の三つは共観《きょうかん》福音書と呼ばれる。

《註2》「神の国」は『マタイによる福音書』では「天の国」と語られる。「天の国」といっても、いわゆる死者が往《ゆ》く所と考えられている「天国」とは違う。

（竹内）

仏教が説く「救い」とは

ブッダの教えによって救われるのは、自らが実践して心のありようが変化し、それまで苦しみであったものが苦しみとして捉えられなくなる、それが救われるということである。それは、絶対的な他者が居て救ってくれるというタイプのものではない。自ら体験し、その中から体得されるものなのである。つまり仏教では、自ら体験することが重視された。体験の中心に置かれたものは、心の働きを静める止《し》と、心の働きの有りようをありのままに見つめ、自ら作意を起こさないようにする観《かん》という二つであった。観の実践によって、それまでの自己を中心とするものの見方から脱却できることが救いそのものであったとも言うことができる。

しかし、仏教の中にも、仏による救済が意識される「信《しん》」の信仰が登場するようになった。仏教の信は、自ら確かめて、本当にその通りだと納得していくものであり、それは原語でシュラッダーと呼ばれた。一方、他者の存在を前提にし、それを信じることはバクティと呼ばれた。同じ信でも内容的に異質なものが意識されていたのである。

キリスト教が説く「救い」とは

イエス・キリスト――その名称自体が、「イエスはキリスト（救い主《ぬし》）である」という、最も簡潔な信仰告白にほかならない。生前のイエスは、病人を癒《いや》し、虐《しいた》げられた人を慰《なぐさ》め、罪人に赦《ゆる》しを与えられた。これら一連の行為は、いわば、いのちへの解放とも言えるものである。このイエスが、語る――「わたしは復活であり、いのちである」（ヨハネ11・25）。

天地に存在するすべてのものは、神によって造られた。しかも、善いものとして造られた。これは、キリスト教に一貫して流れる確信である。すべては、神の思いの溢《あふ》れとして、恵《めぐ》みの秩序の中にあった。しかし、人間は、自らの自由意志によって、神との約束を反故《ほご》にし、神との関係に傷を招いてしまった。これが、原罪である。

しかし、神は、再び人間との和解を望まれた。そのために、神は、具体的な形で恵みを与えられた。それが、イエス・キリストにほかならない。このイエスは、感覚的な目では見ることのできない、〝いのちそのもの〟としての神の体現《たいげん》である。「神はいのちそのもの」――これ他者に対する信の信仰による救いを主張するものは浄土信仰である。それは他仏信仰から生まれ、この娑婆《しゃば》世界以外にも仏が存在するという信仰からできあがった。これは大乗仏教の時代（紀元一世紀頃）以降に起きたと考えられるが、その代表的なものが、西方極楽世界《さいほうごくらくせかい》の阿弥《あみ》陀如来《だにょらい》であった。

羅什《らじゅう》訳の『阿弥陀経』によれば、この娑婆世界から西方、十万億の国土を超えたところに極楽という国土が存在し、阿弥陀如来がおられるという。その西方極楽浄土の阿弥陀如来またはその世界を心の中に思い浮かべ、それに集中するという方法が『観無量寿経《かんむりょうじゅきょう》』の中に、観想念仏の具体的な方法として説かれている。

しかしながら、救いがもっとも意識されたのは、日本の浄土信仰の中においてである。鎌倉時代初期、法然《ほうねん》は、中国の善導《ぜんどう》の教えを拠り所に南無阿弥陀仏と称名念仏《しょうみょうねんぶつ》することによって浄土に往生できると説いた。法然の弟子の親鸞《しんらん》は、『無量寿経』に説かれる阿弥陀如来の四十《しじゅう》八願《はちがん》（本願）を重視し、阿弥陀如来の本願を信じることができたとき、浄土への往生が決定《けつじょう》すると説いた。ここに、仏教にも仏によって救われているのだという新たな「救い」の信仰が成立した。

（蓑輪）

は、聖書の根本的使信《ししん》（中核的内容）の一つである。

救いとは、いわば神による再創造である。例えばそれは、次のように語られるとおりである。「時が満ちるに及《およ》んで、救いの業《わざ》が完成され、あらゆるものが、頭《かしら》であるキリストのもとに一つにまとめられます。天にあるものも地にあるものもキリストのもとに一つにまとめられるのです」（エフェソ1・10）。「一つであること」――それは、イエスが、生涯を掛けてその成就《じょうじゅ》を目指したことである。それゆえ、彼は、私たちのためにこう祈る――「父よ、あなたがわたしの内におられ、わたしがあなたの内にいるように、すべての人を一つにしてください。彼らもわたしたちの内にいるようにしてください」（ヨハネ17・21）。

《重要な福音》「わたしが天から降《くだ》って来たのは、自分の意志を行うためではなく、わたしをお遣《つか》わしになった方の御心《みこころ》を行うためである。わたしをお遣わしになった方の御心とは、わたしに与えてくださった人を一人も失わないで、終わりの日に復活させることである。わたしの父の御心は、子を見て信じる者が皆《みな》永遠のいのちを得ることであり、わたしがその人を終わりの日に復活させることだからである」（ヨハネ6・38―40）。

（竹内）

仏教は「愛」をどう説くか

愛という言葉は多義的な語である。もともと中国語の愛は、母親が赤子をあやす感情を表すものとされた。所謂《いわゆる》、母親の子供に対する心情、母性愛が愛という語で示された。しかし、この愛という語が、仏典の中で用いられるときには、自己に向けられた心情を中心に語られる場合が多い。たとえば、ダンマパダの中では「愛より愁いは生じ、愛より怖れは生じる。愛を超えし人には愁いはなし。かくていずこにか怖れあらん（212偈）」と説かれるように、自分を大切にする感情として位置づけられている。自己や、血族、親族などに対する愛情（プリヤ）が、愛という言葉のもともとの原意であった。

やがてこの語は、異性に対して向けられた思いを表現する言葉としても用いられた。たとえば激しい性愛を意味するカーマや激しい欲望を意味するタンハー（渇愛《かつあい》）、執着することを意味するトゥリシュナーという語も、時には愛と翻訳された。これらは自己を中心に考える心情の類義の言葉として位置づけられる。よって仏典の中で、愛という語は否定的なニュアンスをもって使われている

キリスト教は「愛」をどう説くか

愛は、必ず、具体的な形・行為によって表される。その典型的なものの一つが、イエスが、最後の晩餐《ばんさん》において弟子たちの足を洗った行為である（ヨハネ13・1—20）。足を洗うという行為は、当時の社会では、奴隷《どれい》の仕事とされていた。人に仕《つか》えるということは、一つの愛の形である。弟子たちの足を洗った後、イエスは、彼らに新しい掟《おきて》を与える——「わたしがあなたがたを愛したように、あなたがたも互いに愛し合いなさい」（ヨハネ13・34）。

パウロもまた、愛を強調する。彼は、繰り返し、信仰・希望・愛の重要性を説きながらも、愛こそ律法の完成であり、あらゆる徳は、この愛のさまざまな具体的な形として理解されると語る。「たとえ、山を動かすほどの完全な信仰を持っていようとも、愛がなければ、無に等しい。……愛は忍耐強い。愛は情け深い。ねたまない。愛は自慢せず、高ぶらない。礼を失《しっ》せず、自分の利益を求めず、いらだたず、恨みを抱かない。不義《ふぎ》を喜ばず、真実を喜ぶ。すべてを忍《しの》び、すべてを信じ、すべてを望み、すべてに耐える。愛は決して滅《ほろ》びない」（1コリント

ことが多い。たとえば、『大毘婆沙論《だいびばしゃろん》』巻二十三では「愛とは何か。食愛《じきあい》、婬愛《いんあい》、および資具愛《しぐあい》を起こすけれども、まだ四方に追い求め、労倦《ろうけん》を辞さないことはない、これが愛の位である」と説明されており、まさしく自己に向けられた心情である。

しかしながら、自らとは異なった聖なるもの、優れたもの、尊敬されるべき対象に対する希求の感情も、また愛と表現された。たとえば大乗仏教の時代になると、三《さん》宝《ぼう》に対する希求《ききゅう》の心情は、積極的に肯定され、深い尊敬や、清らかな信と合わせて愛という語が使われるようになった。善愛《ぜんあい》、信愛《しんあい》、慈愛《じあい》などの表現も見られるようになる。たとえば『涅槃経《ねはんぎょう》』では「愛には二種類がある。一には善愛、二には不善愛である。（中略）善法愛とは大乗を求めることを善とする」とあり、また『大智度《だいちど》論《ろん》』七十二では「愛は貪欲《とんよく》煩悩の心にして行じてはいけない。まさに慈愛の心を行じなければならない」として、「愛」は否定的に、「慈愛」は肯定的に捉えられていることが分かる。よって、愛という言葉は、その希求の感情は共通するにしても、その方向性が異なって用いられる点において、意味合いは大きく異なるのである。

（蓑輪）

13・2、4―8）。このように、愛は、すべてを完成させるきずなである（コロサイ3・14）。

旧約聖書において、「神を愛する」ことと「隣人を愛すること」の大切さが説かれた。これら二つの愛は、その本質において一つである、とイエスは自らの生涯をとおして示した。人間は、感覚的な目では見ることのできない神をどのように愛したらいいのか。イエスによれば、それは、自分の目の前の隣人を愛すること、そのことに尽きる。目に見える兄弟を愛さない者は、目に見えない神を愛することはできないのである（1ヨハネ4・20）。

《重要な福音》ファリサイ派の人々は、イエスがサドカイ派の人々を言い込められたと聞いて、一緒に集まった。そのうちの一人、律法の専門家が、イエスを試そうとして尋ねた。「先生、律法の中で、どの掟が最も重要でしょうか」。イエスは言われた。「『心を尽くし、精神を尽くし、思いを尽くして、あなたの神である主《しゅ》を愛しなさい』。これが最も重要な第一の掟である。第二も、これと同じように重要である。『隣人を自分のように愛しなさい』。律法全体と預言者《よげんしゃ》は、この二つの掟に基づいている」（マタイ22・34―40）。

（竹内）

仏教の浄土とは

浄土とは仏や菩薩が住する清浄な国土のことである。本来、一般名詞であり、『無量寿経《むりょうじゅきょう》』に出る「清浄国《しょうじょうこく》土《ど》」を短くしたものと言われ、汚れに満ちた穢土《えど》と対になるものである。そこには三悪趣《さんあくしゅ》（地獄・餓鬼・畜生）は存在しない。浄土にはいくつもの種類が有り、薬師如来《やくしにょらい》の東方瑠璃光浄土《とうほうるりこうじょうど》、大日如来《だいにちにょらい》の密厳浄土《みつごんじょうど》、弥勒菩薩《みろくぼさつ》の兜卒浄土《とそつじょうど》、観音《かんのん》の補陀落浄土《ふだらくじょうど》、釈迦如来《しゃかにょらい》の霊山浄土《りょうぜんじょうど》などが知られるが、なんと言っても有名なものは、阿弥《あみ》陀如来《だにょらい》の極楽浄土《ごくらくじょうど》である。

鳩摩羅什《くまらじゅう》訳の『阿弥陀経』によれば、この浄土は、私たちの住む娑婆《しゃば》世界の西方、十万億の仏土を過ぎたところにあるとされた。教理的には、浄土は、行くための浄土（来世浄土《らいせじょうど》）、そのように成る浄土（浄仏国土《じょうぶっこくど》）、現に在る浄土（常寂光土《じょうじゃっこうど》）の三つに分けられる。行く浄土は、空間的にも時間的にも、こちらの娑婆世界とは隔たった世界と考えられた。そこに生まれ変わるためには、変化《へんげ》して生まれなければならない。そこで特別な生まれ、すなわち化生《けしょう》が想定された。これは時間も空間も超えて、向こう側に

キリスト教の「天の国」とは

先にも述べたように、「天の国」と「神の国」とは、同義語である（本書23頁参照）。「神の国」とは、「神の支配」、すなわち、「神がすべてにおいてすべてとなられる」（1コリント15・28）ことにほかならない。イエスにおいて、この「神の国」は、確かに到来した。しかし、それは、すでに完成したというわけではない。そのために、神は、私たち一人ひとりを招いている。

「神の国」は、いったい、どのような特徴を持っているのであろうか。まず、「神の国」は、この世においては目立たないほど小さなもの、と言われる。しかし、同時にまた、「神の国」は、今もなお成長し続けている。そして、もし誰かがそれを見つけたなら、その人は、すべてのものを投げ打ってでもそれを手に入れたい、と思うほどのものである。このような「神の国」について、イエスは、さまざまな喩《たと》えをもって語る。例えば、土地に蒔《ま》かれた種、パン種、また、からし種などである。「神の国を何にたとえようか。どのようなたとえで示そうか。それは、からし種のようなものである。土に蒔くときには、

生まれる特別な生まれ方である。人が極楽往生を希求《ききゅう》して亡くなった場合、時間も空間も超えて（竪超《じゅちょう》、横超《おうちょう》という）、すぐさま浄土に往生できると考えられた。日本では、大きく分けて、観想《かんそう》や称名《しょうみょう》の念仏によって心を整え浄土に往生しようとする伝統的な教え、念仏を称《とな》えることだけによって往生できるとする法然《ほうねん》の教えや、阿弥陀如来の本願を信じることができたときに既に浄土への往生は決定《けつじょう》しているとした親鸞《しんらん》の教えの三つ程度の類型が存在する。

なお、成る浄土としての代表は、羅什訳『維摩経《ゆいまきょう》』の仏国品《ぶっこくほん》に説かれる国土である。そこでは、菩薩が仏道の実践に励み、国土を清めることに努めており、この現実の社会が、そのまま現実の浄土に成る場合を指している。

現に在る浄土としては天台の常寂光土《じょうじゃっこうど》が有名である。この娑婆世界がそのまま浄土であると考えられ、常寂光土と捉えられた。天台では国土に、迷いの世界として凡夫と聖人が一緒に住む凡聖同居土《ぼんしょうどうごど》、聖人が住むとされた方《ほう》便有余土《べんうよど》、実報無障碍土《じっぽうむしょうげど》、常寂光土（因果を超えた常住の浄土）の四つが立てられるが、常寂光土は、あらゆる差別を超え信仰によって把握される今現在の浄土である。現実世界である娑婆世界がそのまま常寂光土であるという意で、「娑婆即寂光《しゃばそくじゃっこう》」とも言われる。

（蓑輪）

地上のどんな種よりも小さいが、蒔くと、成長してどんな野菜よりも大きくなり、葉の陰《かげ》に空の鳥が巣を作れるほど大きな枝を張る」（マルコ4・30―32）。

すべての人は、この「神の国」に招かれている。しかし、それに相応《ふさわ》しい人は、この世の知恵に長《た》けた者ではなく、むしろ、幼子《おさなご》のような者。「心を入れ替えて子供のようにならなければ、決して天の国に入ることはできない」（マタイ18・3）。過去は、問わない。今、神に立ち帰って生きること、それを心から望む人にほかならない。

《重要な福音》十字架にかけられていた犯罪人の一人が、イエスをののしった。「お前はメシアではないか。自分自身と我々を救ってみろ」。すると、もう一人の方がたしなめた。「お前は神をも恐れないのか、同じ刑罰を受けているのに。我々は、自分のやったことの報《むく》いを受けているのだから、当然だ。しかし、この方は何も悪いことをしていない」。そして、「イエスよ、あなたの御国《みくに》においでになるときには、わたしを思い出してください」と言った。するとイエスは、「はっきり言っておくが、あなたは今日わたしと一緒に楽園にいる」と言われた（ルカ23・39―43）。

（竹内）

仏教が説く輪廻と死後の世界

輪廻《りんね》とは生きとし生きる者が生存を繰り返すことを言う。これは南アジア世界に生じた考え方であり、その起源は古い。インド古代のウパニシャッド文献に、王族階級の中に伝わった考え方として、人は火葬にされると、魂は煙とともに天に昇り、やがて雨となって地上に降り注ぎ、植物となって人に食べられ、やがて人として生まれるという話が登場する。これは五火二道説《ごかにどうせつ》とよばれ、降雨現象と火葬の習慣が結びつけられた素朴な輪廻説と言われる。また、同じくウパニシャッド文献の中に、何が原因で人は輪廻するのかと問われ、その質問者を樹下に連れて行き、人の行い（カルマン）が輪廻をもたらすのだ、と答えたヤージュニャヴァルキヤ仙人の話が伝わっている。この考え方が整備され、生きとし生きるものすべてに渡って生存を繰り返すという輪廻説が登場する。それは人だけに限定されず、地獄の存在、餓鬼、動物、阿修羅《あしゅら》（精霊的な存在）、天《てん》（インド世界に考えられた良い存在）という六つの生存（六道《ろくどう》という）に渡って生まれ変わりをすると主張されるようになった。仏教にもこの考え

キリスト教が説く死後の世界

「神はいのちそのもの」――これは、聖書の根本的使《し》信《しん》（中核的内容）の一つである。いのちの対極《たいきょく》にあるもの、それは、死。つまり、死とは、神との関係が断ち切られることにほかならない。とりわけ人間において、死は、原罪によってもたらされた、と考えられている。それゆえ、この世での身体的・生物学的死は、一人の人間の終焉《しゅうえん》ではなく、むしろ、一つの通過点として考えられる。「信じる者にとって死は滅《ほろ》びではなく、新たないのちへの門であり、地上の生活を終わった後も、天に永遠のすみかが備《そな》えられています」（『カトリック儀式書　葬儀』より）。

旧約聖書にはすでに、人間は死ねば「陰府《よみ》」に下《くだ》るという思想がある。陰府とは、いわば死者の住まいであり、神との関係は絶《た》たれ、もはや神を賛美《さんび》することはできない。新約聖書においては、陰府は、悪人が刑罰を受ける所、呪われた場所として考えられている。この陰府の思想の影響を受けて、カトリックでは「煉獄《れんごく》」の概念も生まれた。煉獄とは、いわば死者が神のもとに帰る前の魂を浄める場所である。それゆえ、生きている者が死者の

方が取り込まれ、一般に認められるようになった。
　何に生まれ変わるのかを決定するのは、人の行い（これがカルマ、業《ごう》と言われる）であるとされた。因果律の原則に基づき、良い原因からは楽なる結果が生まれ、悪い原因から苦なる結果が生じる。つまり、死後は生前の行いによって、地獄の世界に生まれ、苦しみを受け続けるか、あるいは天界に生まれ、安楽な生活を送るか、決まると考えられた。その在処は、地獄は地下世界に、餓鬼は地下世界と地上に、動物、人、阿修羅はこの地上世界に、天はヒマラヤの山中か（地居天《じごてん》）、その上方の空中に（空居《くうご》天《てん》）、それぞれ在ると考えられた。
　人間は、行いによってどの存在にも生まれ変われる存在であるが、そもそも人間に生まれ変わることは難しいと考えられた。そのため、人間に生まれついたことを有り難く受け止め、その生存において、良い行いに勤め励むことが求められたのである。

（蓑輪）

チベット仏教の六道輪廻図

ために祈るということも大切にされるようになった。
　死は、原罪によってもたらされた。それゆえ人間は、再びいのちに与《あずか》るためには、その罪が贖《あがな》われなければならない。それを実現したのが、イエスの十字架上の死と復活である。罪のないキリストは、私たちのために死なれた。それによって神は、私たちに対する愛を示された。そのイエスが、語る――「わたしは復活であり、いのちである。わたしを信じる者は、死んでも生きる」（ヨハネ11・25）。

《重要な福音》わたしたちは洗礼《せんれい》によってキリストと共に葬《ほうむ》られ、その死にあずかるものとなりました。それは、キリストが御父《おんちち》の栄光によって死者の中から復活させられたように、わたしたちも新しいいのちに生きるためなのです。……わたしたちの古い自分がキリストと共に十字架につけられたのは、罪に支配された体が滅ぼされ、もはや罪の奴隷にならないためであると知っています。死んだ者は、罪から解放されています。わたしたちは、キリストと共に死んだのなら、キリストと共に生きることにもなると信じます。……死は、もはやキリストを支配しません（ロマ6・4、6―8、9）。

（竹内）

仏教は人間をどう考える

仏教では人間がどのような存在であるのか、幾つかの位置づけが存在する。輪廻《りんね》思想の中で、人間は生まれ変わることの難しい存在であることは、先に述べた（輪廻の項、参照）。そこには、この人間としての生存に感謝しようとの教えが含まれている。また、様々な生存に輪廻する点では、人間も他の動物も、変わりはなく、同列に位置づけられている。

　さて、初期仏教における人間の心に対する洞察からは、人間は物質的なものと精神的なものとが仮《かり》に和合しているに過ぎないという見方ができた。それらは、物質的な要素（色《しき》）と、感受作用（受《じゅ》）、表象作用（想《そう》）、潜勢力（行《ぎょう》）、識別作用（識《しき》）という精神的な作用で、合わせて五蘊《ごうん》と呼ばれる。五蘊が仮に和合した（五蘊仮和合《ごうんけわごう》）存在が、人間に他ならないと見るのである。それは、誤って自己そのものと捉えられた時には五取蘊《ごしゅうん》と呼ばれた。普通、自己と思っているようなものは、自らの心が作り出した幻影であり、それは存在しないということが強調された。

キリスト教は人間をどう考える

キリスト教における人間観は、いわゆる霊肉二元論《れいにくにげんろん》ではない。人間は、あくまでも一人の統一された存在である。確かに、「霊」「肉」といった言葉は見られる。しかし、霊とは、神の息を注《そそ》がれ、神との関係において生きるあり方である。一方、肉とは、人間の弱さを意味するが、同時にまた、神との関係を忘れ、自力で生きようとするあり方である。

　人間は、「神の似姿《にすがた》」として造られている（創世記《そうせいき》1・27）。また、こうも語られる――「主なる神は、土（アダマ）の塵《ちり》で人（アダム）を形づくり、その鼻にいのちのいきを吹き入れられた。人はこうして生きる者となった」（同2・7）。ここには、人間の儚《はかな》さとともに掛け替えのなさも描かれている。恵《めぐ》みと憐れみに満ちた神は、人間に自由意志を与えられた。それによって、人間は、自らの生き方を選び取ることができる。しかし、人間は、この自由の真意を履《は》き違え、神のようになろうとした（創世記3・5）。こうして、罪が、人間のうちに入った。

　しかし、神は、それでも人間に恵みを注ぎ続けられるまた、人間は生まれたからには必ず死が訪れる存在であることも強調された。たとえば、パーリ語の経典である『涅槃経《ねはんぎょう》』の中に「生じたものが滅しないような道理は存在しない」としばしば説かれるが、それはその証左であろう。生有るものには必ず死があると捉えたのである。言わば人間は、必ず死すべき存在であるというのである。

輪廻の中に立てば、人は、死を何度も経験し、また生を同じように何度も経験している存在である。しかもその由縁を知らない存在であると捉えた。たとえば空海の『秘蔵宝鑰《ひぞうほうやく》』冒頭部分に「生まれ生まれ生まれ生まれて生の始めに暗く、死に死に死に死んで死の終わりに冥《くら》し」との言葉が出てくる。

また業《ごう》の観点からは、自らの行いによって未来を変えていくことの出来る存在とも捉えられた。行いは常に現在から未来へと向かっており、今を自らの努力によって変えることができる。つまり、人間は自らの力によって未来に向かって変化しうる存在と位置づけられたのである。

（蓑輪）

（ロマ5・20）。そのことは、とりわけ、人間の弱さにおいて見てとれる（2コリント12・9）。人間の弱さは、ただ単に否定的なものなのではない。なぜなら、それは、神との出会いの場であるだけでなく、人間が、お互いに助け合うきっかけともなるからである。

人間は、たとえどんなに誠実に生きようとしても、過《あやま》ちを犯《おか》し得《う》る。これが、人間の現実である。パウロは、いのちを懸《か》けて、イエスの福音を宣《の》べ伝えた。その彼が、最晩年にこう吐露《とろ》する——「わたしは自分の望む善は行わず、望まない悪を行っている」（ロマ7・19）。

《重要な福音》あなたがたは神に選ばれ、聖なる者とされ、愛されているのですから、憐れみの心、慈愛《じあい》、謙《けん》遜《そん》、柔和《にゅうわ》、寛容《かんよう》を身に着けなさい。互いに忍《しの》び合い、責めるべきことがあっても、赦《ゆる》し合いなさい。主《しゅ》があなたがたを赦してくださったように、あなたがたも同じようにしなさい。これらすべてに加えて、愛を身に着けなさい。愛は、すべてを完成させるきずなです。また、キリストの平和があなたがたの心を支配するようにしなさい。この平和にあずからせるために、あなたがたは招かれて一つの体とされたのです。いつも感謝していなさい（コロサイ3・12—15）。

（竹内）

仏教は女性をどう考える

初期の仏教では、女性も男性も区別されることなく対等に位置づけられていた。女性の出家者が悟りを得たよろこびが、『テーリーガーター』には数多く伝えられている。一例を挙げれば「受け入れの心、自他の想いなき心を、私は恣《ほしいまま》にしています。ブッダから生まれた娘として、私はいつでも安らぎを楽しんでいます（46偈）」（入山淳子『テーリーガーター仏にまみえた女たち』NHK出版、参照）との記述が見える。しかし、インド世界が男性優位社会になって行くにつれて、女性の立場が弱くなっていったことが知られる。やがて、大乗仏教が登場する頃から、仏教の内部でも女性の地位は次第に低下し、たとえば『法華経』の提婆達多品《だいばだったほん》の中では、女性は、梵天《ぼんてん》、帝釈《たいしゃく》、魔王《まおう》、転輪聖王《てんりんじょうおう》、仏《ぶつ》の五つのものにはなれない（これを五障《ごしょう》という）と説かれるようになった。

また『マヌ法典』の影響と考えられるが、女性は幼いときには親に従い、嫁しては夫に、年を取ってからは子に従うべきであるとも主張されるようになった。これらは、女性に対するインドの文化伝統を如実に承《う》けた事例

キリスト教は女性をどう考える

先にも述べたように、人間は〝神の似姿《にすがた》〟として造られた（創世記《そうせいき》1・27）。その意味で、男女は平等である。

さらに、創世記2章では、別の物語が語られる。「人が独《ひと》りでいるのは良くない。彼に合う助ける者を造ろう」（2・18）。〝彼に合う〟とは、〝彼に相応《ふさわ》しい（ケネグドー）〟という意味である。言い換えれば、それは、人格的存在として、お互いが向かい合う存在であるということである。〝助ける者〟とは、単なる補助的存在という意味ではなく、男性の最も中心的なところを分かち合う存在である、ということである。〝あばら骨〟から造られたとは、その意味である。このような二人は、やがて、〝一体〟となる（バーサール）。それは、肉体・精神・霊の統合された人間存在そのものを意味し、単なる性的結合や精神的単一性《たんいっせい》を指すのではない。女性は、男性を自分の夫とすることによって、男性を完成させる。このことの根拠にあるのが、愛にほかならない。

旧約時代においては、確かに、女性の位置は低かった。しかし、イエスにおいて、革命的ともいえる出来事

であると言えよう。そのため、仏になるためには一旦、女性の身を捨てて男性になる必要があると考え、『法華経』に説かれるような「変成男子《へんじょうなんし》」説が登場した。しかし、女性のままで良いとする考え方や、女性は男性が変わったものなのだとする「変男成女《へんなんじょうにょ》」説もある。

日本においては、尼も僧も同等に扱われていたが、八世紀以降、次第に尼の地位が低下していった。但し、『三《さん》宝絵詞《ぼうえことば》』に淳和院《じゅんないん》という尼僧院の存在が知られることからすれば、女性の出家者がなくなったわけではない。平安期には『法華経』の「変成男子」説が主流を占めた。しかし、全般的には、女性差別感が社会に定着していった時期と捉えられる。中世の時代になると、律宗の中では、女人のままで成仏することができるとする思想も現れたが、中世後期からは、女性の社会的な地位の低下や、偽経《ぎきょう》の『血梵経《けつぼんきょう》』の流布などに伴い、女性は罪業が深い、不浄な存在であるとする差別感が助長されていった。また女人禁制《にょにんきんぜい》などの制度もでき、霊山においては女性の登拝が禁じられた。明治五（一八七二）年になると太政官布告《だいじょうかんふこく》によって女人禁制廃止令および修験道《しゅげんどう》廃止令が発令され、その差別感は少しずつ払拭されるようになった。（蓑輪）

が起きた。彼は、親族以外の女性と一対一で接したり、女性からもてなしを受けたり、また、女性の家で教えたりした（ルカ10・38—42）。明らかに、これは、当時の社会にあっては、常軌《じょうき》を逸《いっ》したことであった。

最初の女性（エバ）は、生けるものすべての母となった。言い換えれば、女性は、いのちである。また、女性の品位《ひんい》が確立されたのは、神の子が、一人の女性から生まれたことによる。「時が満ちると、神は、その御子《みこ》を女から、しかも律法の下に生まれた者としてお遣《つか》わしになりました」（ガラテヤ4・4）。こうして、すべての人は、キリスト・イエスにおいて一つとなる（同3・28）。

《重要な福音》主《しゅ》なる神は言われた。「人が独りでいるのは良くない。彼に合う助ける者を造ろう」。……人はあらゆる家畜、空の鳥、野のあらゆる獣《けもの》に名を付けたが、自分に合う助ける者は見つけることができなかった。主なる神はそこで、人を深い眠りに落とされた。人が眠り込むと、あばら骨の一部を抜き取り、その跡《あと》を肉でふさがれた。そして、人から抜き取ったあばら骨で女を造り上げられた。……こういうわけで、男は父母を離れて女と結ばれ、二人は一体となる（創世記2・18、20—22、24）。（竹内）

仏教は人間以外の生き物をどう考える

仏教は南アジア世界に成立した宗教であり、その地域の価値観を色濃く伝えている。そのために人間以外の生き物が数多く存在し、それは五趣《ごしゅ》（六道《ろくどう》のうちの人間以外を指す）に代表される。これらの名称は、空間を指す用語であるとともに、そこに暮らす存在の名でもある。

まず、地獄《じごく》という名で呼ばれる存在が想定された。ここでは間断なく苦しみを受けるという。また餓鬼《がき》と呼ばれる存在も、この娑婆《しゃば》世界と地下世界とに共通して生きる存在とされ、この世で貪《むさぼ》りの強かった人が再生するところとされた。次に動物である。動物は人間と同じ空間に生きる存在である。人に殺害され、互いに殺し合い苦しみを受ける存在とされる。それから、精霊的な存在である阿修羅《あしゅら》である。阿修羅は、もともとはイランに起源を持ち、ヴェーダの神となったもので、血気盛ん、闘争を好む鬼神の一種とされた。天の一員とも考えられるが、人間に近く、阿修羅の生き方あるいはその住む世界が阿修羅道とされ、六道の中に位置づけられた。

次に、この空間の上方に住まう天と呼ばれる精霊的

キリスト教は人間以外の生き物をどう考える

存在するすべてのものは、神によって造られた――これがキリスト教の根本理解である。「初めに、神は天地を創造された。地は混沌《こんとん》であって、闇が深淵《しんえん》の面《おもて》にあり、神の霊《れい》が水の面を動いていた。神は言われた。『光あれ』。こうして、光があった。神は光を見て、良しとされた。神は光と闇を分け、光を昼と呼び、闇を夜と呼ばれた。夕べがあり、朝があった。第一の日である」（創世記1・1―5）――この言葉によって、天地創造の物語は始まる。

神は五日間にわたって、天地のあらゆるものを造られた。しかしそこには一つの共通点がある。それは、神が、造られたものを見て、「良しとされた」という点である。六日目に、創造のクライマックスを迎える。つまり人間の創造である。そのときの神のことば――「見よ、それは極《きわ》めて良かった」。

ある意味で、人間以外の生き物は、人間のために造られたとも言える。しかしそれは、人間中心主義を語っているのではない。むしろその反対に、人間は、それらの世話をしなければならない。それが、神から託《たく》された人

な存在がある。天は、ヒマラヤ山中および山の上の空間に住んでいると考えられ、多くの部類があると考えられた。仏教の初期から登場する天は、梵天《ぼんてん》、帝釈天《たいしゃくてん》などで、古くヴェーダの中に登場する神々でもあった。

これらはやがて、瞑想の境地とも関連するものとして位置づけられ、六欲天《ろくよくてん》、色界十七天《しきかいじゅうしちてん》、無色界四天《むしきかいしてん》などが想定された。六欲天はまだ欲望にとらわれている存在であり、四天王《してんのう》、夜叉《やしゃ》、三十三天《さんじゅうさんてん》などがある。三十三天は帝釈天を頂点に、その他の天を従える。ここまでの天は須弥山《しゅみせん》上に住み、まだ地上に居住していることから地居天《じごてん》とも言われる。山の上方の空間に住む天は、空居《くうご》天《てん》と呼ばれ、夜摩天《やまてん》、兜卒天《とそつてん》、楽変化天《らくへんげてん》、他化自在天《たけじざいてん》が存在する。楽変化天は自ら神通力によって楽しみを作りだし楽しむ天、他化自在天は第六天とも言われ、他人に欲望の境地を作り出させて楽しむとされた。これらの天のほかに、禅定《ぜんじょう》の深まりに対応して色界の十七天が数え上げられる。その究極が色究竟天《しきくきょうてん》である。またその先に、無色界の四天が考えられた。無色界の天は、身体を持たず寿命だけがある存在とされた。これらは全て輪廻する存在であり、立場は人間と同じとされた。

（蓑輪）

間の使命である。しかし人間は、自らに与えられた自由を間違った方向に使い、多くの環境破壊をもたらした。すべての命は、一つにつながっている。人間は、その中で、他の命の犠牲の上に生きている。これが現実である。そこで、人間が弁《わきま》えるべきこと――それは、与えられたいのちに感謝し、他の命を慈《いつく》しみ世話をすることである。

《重要な福音》神は言われた。「我々にかたどり、我々に似せて、人を造ろう。そして海の魚、空の鳥、家畜、地の獣《けもの》、地を這《は》うものすべてを支配させよう」。……神は彼ら〔男と女〕を祝福して言われた。「産《う》めよ、増えよ、地に満ちて地を従わせよ。海の魚、空の鳥、地の上を這う生き物をすべて支配せよ」。神は言われた。「見よ、全地に生《は》える、種を持つ草と種を持つ実《み》をつける木を、すべてあなたたちに与えよう。それがあなたたちの食べ物となる。地の獣、空の鳥、地を這うものなど、すべて命あるものにはあらゆる青草《あおくさ》を食べさせよう」。そのようになった（創世記1・26、28―30）。

（竹内）

＊ここまで、竹内が執筆した項目における聖書の引用は、日本聖書協会編『新共同訳聖書』（1995年版）を使用させて頂きました。ただし、漢字・仮名の表記は本文に合わせたことを、お断り致します。

仏教は国家・政治をどう考える

仏教は基本的には出世間《しゅっせけん》に重きをおき、世俗からは超越しているべきものであるから、国家とか政治に積極的には関与しないというのが建前である。また仏教の出家修行者はその戒律によって、農業生産や経済活動・政治活動に関与することを禁止されている。要するに理念上も生活規範上も、国家や政治とは一線を画することが要請されていることになる。しかしながら農業にも商業にも従事できないということは自給自足ができないということを意味し、仏教の出家修行者は自立しては衣食住の日常生活を送れない。俗から離れなければならないが、しかし俗に依存しなければ生存できないという微妙な立場に置かれているわけであって、よくいえば仏教は政教分離を貫いてきたといえるが、国家・政治には強い姿勢で臨むことができなかったというのが現実である。

　例えばブッダ在世当時のインドはマガダ国やコーサラ国が強国で、その国王たちは仏教信者であったので、犯罪者や負債を負う者が寺院に逃げ込んだ時、公権力が手を出していけないという治外法権的な地位を認めようと

キリスト教は国家・政治をどう考える

キリスト教は、この世の管理を為《な》す国家・政治の役割を重視している。しかしながら、キリスト教は、この世の管理を為す国家・政治の限界をもわきまえている。

　キリスト教の起点であるイエス自身、「神のものは神に、皇帝のものは皇帝に」と述べており、「神の領域」と「人間的な支配者の領域」を賢明に分けている。イエスは現世における政治革命を目指してはいなかった。むしろ、常に目の前にいる相手そのものを大切に受けとめて支えることで、神のいつくしみを目に見えるかたちで告げ知らせることを本懐《ほんかい》としていた。

　古代におけるキリスト教思想の頂点を具現していた四世紀のラテン教父アウグスティヌスも主著『神の国』のなかで、「神の国」と「地上の国」とを対比させて論じているが、実情として、この世においては「神の国」も「地上の国」も重なり合って混合状態にあることも指摘している。

　アウグスティヌスは、神のいつくしみが現世に影響

した。しかし世間からの非難が起こったので、ブッダはこれを辞退してこのような者を比丘《びく》として出家させることを禁止した。ブッダはユダヤ教やキリスト教にもあるアサイラム（駆け込み寺のような逃れ場所）を、世間の目をおもんばかって作れなかったということになる。

変わって中国・日本では、律令体制が整ってからは宗教者が国家権力の下に置かれるようになったので、ほんらい比丘・比丘尼《びくに》は戒律の定めるところによって生活すべきであって、世俗法からは超越していなければならないはずであるが、必ずしもその理念を貫くことはできなかった。この事情は中世や近世においても同じである。

そういう意味では仏教が世俗の体制下にありながらも、出家修行者には依然として世俗法の枠外の地位が保証されているタイやスリランカなどの上座仏教とは事情を異にする。中国や日本などでは大乗仏教が中心となり、戒律そのものが軽んじられるようになって、出家者の超俗性が薄れたからでもあろう。

以上のように仏教の目指す価値は出世間にあり、またサンガは世間を離れては維持できないという構造上の問題もあって、仏教には社会や世界の現実的な諸問題に積極的に取り組もうとする姿勢は乏しい。

（森）

をおよぼして、現世を理想的な状態へと完成させていく様子を愛に満ちた希望をもって確信している。「地上の国」は自己中心的な人間によって左右される権力主義的な運営管理の方向性である。それゆえに、「地上の国」は常に他者のいのちを危険に曝《さら》すことで、一部の権力者の都合のみを強制していくという抑圧的な政治に堕《だ》す危険をはらんでいる。

しかし、「神の国」は、神の慈愛に支えられた万人ののびやかな安堵感《あんどかん》に満たされた祝宴《しゅくえん》の状態を指しており、万人は神の前で平等なる子どもとして協調していくこととなる。

イエスからアウグスティヌスに至る古代のキリスト者の歩みは、常に現世的な政治権力とは異なる枠組《わくぐ》みで人間の生の可能性を追求している。つまり、キリスト者は常にイエスの目指した「神の国」およびその伝統の成文化としてのアウグスティヌスの思想を基準として国家・政治の役割を理解していくのである。

現世的な人間の成《な》す国家づくりや生活の唱導としての政治を絶対視せずに、常に冷静に吟味《ぎんみ》していく視座がキリスト者の心の根底には息づいている。

（阿部）

仏教は偶像《ぐうぞう》をどう考える

仏教の歴史の中で美術的な造形活動が始まったのは紀元前二世紀の終りころからで、ブッダの入滅から二五〇年もたってからのことである。しかも当初はブッダを人の形に表わすことはなく、代りに菩提樹とか法輪、宝座、仏足石などで表わしていた。ブッダが今見る仏像のような形に表わされはじめたのは、紀元後二世紀の初めころからである。

なぜ最初期には造形活動が行われなかったのか、なぜブッダが人の形に表わされなかったのか、という理由ははっきりとは判っていない。釈迦仏教（かつて小乗仏教と呼ばれていた仏教）におけるブッダは大乗仏教とは違って、きわめて人間的であってけっして超越的な存在ではなかったから不思議である。

経典が伝える最初の仏像は、ブッダが生母摩耶夫人《まやぶにん》に説法するために三ヵ月間天上に行かれていてその姿を見ることができなかったので、コーサンビーのウデーナ王と舎衛城《しゃえじょう》のパセーナディ王がそれぞれ作ったとされるブッダ像である（『増一阿含経《ぞういつあごんきょう》』）。これは歴史的事実を物語

キリスト教は偶像《ぐうぞう》をどう考える

キリスト教は「偶像」を認めていない。それゆえに、キリスト教は「偶像」の価値を当初から考慮に入れたことはない。論じる以前の問題なのであり、偶像という発想自体はキリスト教内部には存在し得ない。

キリスト者にとっての神は「生きている相手」である。キリスト者は、生きている相手そのものを重視する。それゆえに、キリスト者にとっては、自分の都合による神観念《かみかんねん》や妄想を排除することが最も重要な課題となる。相手をまっすぐに求めて生きるのが信仰である。

ところがキリスト教においては、とりわけ七世紀から八世紀にかけて、東方《とうほう》教会において「イコン（聖なる御絵《ごえ》や御像《ごぞう》）」を大切にする習慣が深められていった。その思想的根拠づくりはダマスコのイオアンネス（ヨハンネス・ダマスケヌス）の『聖画像破壊論者駁論《せいがぞうはかいろんしゃばくろん》』によって成し遂げられている。彼にとって画像は相手を想い出す際の手がかりに過ぎず、画像そのものには価値がない。

イコンは一見すると、無限なる神を形象化《けいしょうか》していると誤解される危険を伴うがゆえに、キリスト教の教会共

るものではないが、しかし仏像の制作はけっして仏教の教えの中でタブーとして忌避されたものではないということはわかるであろう。

しかし『十誦律《じゅうじゅりつ》』という文献には、祇園精舎を寄進した給孤独《ぎっこどく》長者が「ブッダが教化のために他に遊行《ゆぎょう》している時には、ブッダにお目にかかれない」という思いから、「仏身像のようなものは作ることができないので、菩薩の侍像を作りたい」と願い出たとされている。ここにいう菩薩とは出家成道以前のブッダであって、ここにはブッダは形に表わすようなことはすべきではないという意が込められているのかも知れない。

しかしこのような時代がすぎ、ブッダが入滅してから六〇〇年も経過して、むしろ超人的な性格をもつ大乗仏教のブッダたちが登場したころには、仏像が盛んに作られるようになっていた。といってもその背景に教理があったのではなく、単にギリシャ・ローマの造形美術の影響であろうと考えられている。（森）

ウデーナ王の物語を描いた浮彫（ガンダーラ出土）

同体内部における一部の原理主義的立場の信仰者たちから「偶像」とみなされた。しかし、イコンとは「窓」である。イコンは決して偶像ではない。神のがわの視点が板を境目《さかいめ》として人間の生活空間のほうへと逆遠近法的に参入してくる手がかりとしての窓がイコンなのである。キリスト者はイコンの奥へとまなざしを向ける。

とりわけ東方の修道者《しゅうどうしゃ》たちが祈りの日々の徹底的な鍛《たん》錬《れん》に支えられて、瞑想の究極的な境地の果《は》てに三位一体《さんみいったい》の神のイメージを板に描くことで、イコンを眺める万人《ばんにん》の心を信仰心で満たすきっかけを提示する。イコンは絵ではなく、むしろ神のがわの慈愛があふれでてくる窓として、神の世界と現世との境界的な連結扉《れんけつとびら》となっている。神の慈愛のあふれを媒介することこそが、イコンの本領なのであり、イコン作成者は決して自らのサインを付すことがない。無名の修道者こそが、心の窓としてのイコンを祈りの究極的なかたちとして提示することができる。たとえて言えば、「大切な相手の写真」を飾りながら、いまも生きている相手を心に呼び覚まして生々《なまなま》しくともに連帯することがイコンの本領である。

結局、イコンは、神のがわからの人間界の眺めを「たとえ」として具現化したものである。（阿部）

仏教の戒律《かいりつ》とは

「戒」と「律」は異なる概念であって、次のような対照表を作ることができる。簡単にいえば、「戒」は倫理・道徳であるけれども、「律」は法律であるということになる。

「戒」の代表的なものは殺生・盗み・邪婬・嘘・飲酒を戒める「五戒」とか、殺生しない・盗まない・邪婬しない・嘘を言わない・中傷しない・粗暴なことばを離れる・軽薄なことばを離れる・貪欲《とんよく》を離れる・怒りを離れる・正しい見解をもつなどの「十善戒」である。なお広く捉えれば「戒」は人間の生きるべき生き方を意味するから、「経蔵《きょうぞう》」に収められる例えば法華経や般若経などの説く内容そのものが戒ということになる。

これに対して「律」のもっとも代表的なものは三蔵の中の「律蔵」に説かれるもので、「律蔵」は出家修行者としての比丘・比丘尼が個人として守らなければならない生活規則（二五〇戒と三五〇戒）と、サンガの運営規則からなっている。なお大乗仏教では「律蔵」は説かれなかったので、大乗仏教の出家修行者もゴータマ・ブッダの定めた律蔵に基づいて生活していたものと考えられる。

キリスト教の戒律《かいりつ》・律法《りっぽう》とは

もともと古代イスラエルにおいて、神からモーセに与えられた律法とは、神を誠心誠意《せいしんせいい》愛するがゆえに「とこしえに共に生きる」という尊い約束を為《な》すことである。

私が神を愛しているのならば、私は神を決して裏切ることがないであろう、という信仰者による自己確認の条項が「十の戒《いまし》め」として伝承されてきた。しかし、それらはむしろ「十の愛の約束の言葉」と呼んだほうが正確である。相手に対する愛が満ちあふれてきて、自分勝手な態度は存在しえなくなるからである。

キリスト教はイスラエル民族の神経験《かみけいけん》を土台として、その「十の愛の約束の言葉」の信仰心を継承している。しかし、その際に、「神から人間に与えられるいつくしみ」と、「人間から神へと捧げられる感謝と讃美《さんび》」の絶《た》えざる交流的なやりとり（おたがいに尊重し合う愛に満たされた契約）を最も重視するので、成文化された戒律や律法は、おのずと乗り越えられていくこととなる。

文字に縛られないという意味でののびやかな真実探究の姿勢が、キリスト教の本懐《ほんかい》である。それゆえ、キリスしかし「戒」も「律」も規範として示されたものであることは共通しているので、中国・日本ではこれらの差異があまり認識されなくなり、これらを「戒律」という一つの熟語で表わすようになった。大乗仏教の菩薩戒は、「菩薩善戒経」などの「経」に説かれる本来は「戒」であって「律」ではないが、中国で編集された経典目録にはこれらが「律部」の中に編入されているのがこの混同を象徴的に示す。特に日本仏教では、「律」を小乗仏教のものとして捨て、これに代えて菩薩戒を採用したため、急速に比丘・比丘尼の律儀がなくなった。万事を法律で処理しようとすると形式的になりやすいが、といってすべてを倫理道徳に任せれば安きに流れることは必定である。これに対して上座仏教の出家修行者は古来の律蔵を厳格に守って生活しているので、上座仏教と日本の仏教はこれが同じ仏教かと思われるほど異なった様相を呈するようになった。（森）

「戒」	「律」
罰則がない（自主的）	罰則がある（他律的）
心の内面も対象	行為に現われたもののみを対象
懺悔によって清浄となる	懲罰に服して復権する
善を行う徳目も含まれる	止悪のみが対象となる
在家者・出家者ともに適用	出家者のみに適用
「経蔵」に説かれる	「律蔵」に説かれる

ト教は、もはやイスラエル的な戒律や律法からは解放されている。しかし、相手を愛するということに全力を尽くすという方向性はイスラエル民族においてもキリスト者においても一貫しており、決してその根本は変質することがない。キリスト者は文字化された律法を心の法として体得することに力を入れるのである。

それでは、キリスト教にとっての生き方の指針とは何なのだろうか。簡明に言えば、「イエス・キリストが出会う相手を大切にしたのと同じやりかたで、目の前の相手を尊重して支えること」に尽きる。

どのような相手に対しても尊敬の念をいだいて、ていねいに接することがキリスト者の生き方の根幹なのである。もちろん感情的に気にくわない相手がいるにせよ、その人も神の子であると理屈の上で考えて相手を認めて、できることを為すのである。

しかも、そのような愛他《あいた》の姿勢は、相手の心の底で生きている神への畏敬《いけい》の念を失わないこととも直結している。隣人を大切にすることが神を重んじることになる。

こうして、キリスト教が、「相手をとおして神を愛する道」でもあることが見えてくる。（阿部）

仏教が説く回心《えしん》・悟り

「回心」ということばは、仏教では「廻心」と表記することが多く、また「えしん」と読み、日本の浄土教では「自力の心をすてて、阿弥陀仏の本願他力の信仰に帰すること」を表わすが、仏教一般としては「回心」それ自身が独立した用語として用いられることはない。

また「悟り」も通俗的な用語で、仏教語としては覚悟、解悟《げご》、開悟、証悟に相当する。これを国語辞典的に解説すれば、「あるがままをあるがままに知って苦しみの原因を取り除き、本当の幸せを獲得すること」ということになろう。

例えば激しい痛みを伴う病気を治し、さまざまな矛盾を抱え込んで混迷をきわめる社会の諸問題を解決するには、まずは病気や社会の「あるがまま」を正確に知らなければならない。そして病気や社会の「あるがまま」を知ることができれば、その原因も自ずからに明らかになるので、その原因を取り除いてやる適切な処置をとれば、病気や社会の問題を解決することができることになる。

ごく卑近な例をもって説明したが、「あるがまま」を

キリスト教が説く回心《かいしん》

キリスト教の「回心」とは、相手に向かって開かれていくことである。つまり、「自己中心主義的な生き方」から「他者を支えて共に豊かになる生き方」へと、神からの支えによって転換させられていくことである。

回心は自力だけでは成立しない。常に他者から支えられてこそ回心が可能となる。神からの働きかけと隣人たちによる励ましが回心を助長する。

人間は自然状態においては自己保存を優先して、他の生物や無機物を利用して生き延びる性質をおびている。しかし、キリスト者は人間の弱肉強食的な生物学的サイクルとは異なる価値観を目指している。

キリスト者は、自らを「いのちの糧《かて》」として捧《ささ》げ尽《つ》くして他者を豊かに活かすイエス・キリストの道を自らも受け継いでいこうと志す。

しかし、通常はキリストのような徹底的な愛他《あいた》の姿勢を貫くことは、自然的生活状況の限界の枠組《わくぐ》みにおいて生きているキリスト者にとっても一般人にとって

「あるがまま」に知るというのは仏教用語でいえば「如実《にょじつ》知見《ちけん》」であり、これが「般若《はんにゃ》」とよばれる智慧である。また苦しみを取り除いて本当の幸せを獲得するというのは、仏教用語でいえば「解脱《げだつ》」である。仏教ではすべてのものはさまざまな原因や条件によって成り立っていると考えるので、これは普遍的な真理ということができる。

このように説明すれば仏教の悟りの根幹をなすものは智慧であるということが分かるであろう。ところでこの智慧は、私たちの日常の知覚の範囲にあるのであって、けっして苦行・難行をしたり、神秘的で特異な経験を経なければ体得できないというものではない。そこで悟りには「目覚める」という意の「覚」とか、開放・開発するという意の「開」ということばが使われるのである。

したがってこの如実知見はいつでも誰にでも得ることができる可能性のあるものであるが、われわれには煩悩や自己中心的なものの見方があって、それが「あるがまま」を「あるがまま」に知ることを妨害しているのでなかなか容易には得られない。例えばあばたをえくぼに見せたり、隣の芝生を青く見せたりしているわけである。そこで仏教は我《が》を捨てて無我になり、煩悩を捨て去ることを求める。

（森）

も困難を極める。

やはり、真の愛他の人生を実現しきれるのは超自然的な者でしかない（キリスト者は、神から派遣されたキリストつまり「救い主《ぬし》」としてのイエスにおいて実現した超自然的な道行きを信じている）。

そこで、キリスト者は伝統的に「感謝の祭儀《さいぎ》」（エウカリスティア、ミサ）においてイエス・キリストの十字架上のいのちの捧げ尽くしの姿を想起しつつ、その具現化としての御聖体《ごせいたい》を拝受《はいじゅ》することで力を得て、回心させていただくのである。

ひとりひとりのキリスト者が自然的な生活状況から超自然的な他者優先の生活姿勢へと転換していくことによって教会共同体全体の豊かな活性化が実現する。これがキリスト者の回心の方向性である。

なお、初代教会の宣教者パウロの場合のように、回心は、それまでの生き方を決定的に変革させる圧倒的な力を秘めていると同時に、目立たない日常生活のなかで静かに人の生き方を心の底からじんわりと時間をかけて熟成させる場合もある。神が相手に適したかたちで働きかけるからである。

（阿部）

仏教の受戒《じゅかい》

仏教におけるもっとも基本的な戒は「三帰戒《さんきかい》」であって、仏・法・僧の三宝に帰依することを誓えば仏教徒になったことになる。しかしこれは個人が主体的に行うもので、「受戒」という儀式が行われることはない。

その上で「戒律」の項に書いたように、在家信者の守るべき「戒」と、出家修行者の守るべき「律」が設定されている。

在家信者の戒はいわば倫理道徳のようなものであり、自ら主体的に守ろうと誓うものであって、他から強制されるものではないから、原則として受戒を儀式として行うことはない。しかし月に六度ある六斎日《ろくさいにち》に、一日だけ出家者と同じような生活をするための八斎戒《はっさいかい》があり、これを儀式として受けることはある。

出家者には比丘・比丘尼という正規の修行者と、沙《しゃ》弥《み》・沙弥尼（満二十歳未満の男女）・式叉摩那《しきしゃまな》（比丘尼になる前の二年間）という見習い修行者がある。比丘・比丘尼はその集団すなわちサンガの中で、律を遵守《じゅんしゅ》することが義務づけられるので、それを遵守することを誓う「受戒」

キリスト教の洗礼《せんれい》

イスラエルにおいて洗礼者ヨハネが実施していた「洗礼」は、もともとバプテスマと呼ばれており、意味としては「浸礼《しんれい》」である。まっとうな人間になる決意をした人が川などに全身を浸《ひた》して人生の再出発を図《はか》る儀式が端《たん》緒《しょ》となっている。どうして川に全身を浸すのかと言えば、これまでの人生におけるあらゆる罪を洗い清めるためである。旧約《きゅうやく》聖書にある創世記《そうせいき》にノアの箱舟《はこぶね》の物語が組み込まれているが、人間が神の御心《みこころ》に適《かな》った人生を送るには、自己中心的な生き方を徹底的に反省して一度死んでから、神からのいのちをいただいて再び起き上がる必要があることが強調されている。

こうして人間は、いのちの充実した状態を得ることになる。つまり、人間は水の中に自分の全存在を沈めてから再起することによって永遠のいのちのはじまりを経験する。洗礼者ヨハネの親戚のイエスも洗礼を受けていたが、それはあらゆる人の「模範」として率先して良い行いを示す意味を持っていた。あらゆる人の再起の先駆けとして自ら率先垂範《そっせんすいはん》を心がけたイエスは真に「万人と連の儀式がサンガによって行われる。受戒したことによって集団の利益を享受する権利を取得するわけであるが、反面では義務が生じるわけである。しかしこれには必ずしも宗教的な意味はなく、むしろ新入社員が入社に際して社規に従いますという誓約書を提出するような法律的行為というべきものである。

沙弥・沙弥尼・式叉摩那も出家者ではあるが、サンガの正式な構成員ではないから、律よりもより簡単な規定（十戒や六法）を遵守することが義務づけられるので、この「受戒」の儀式も行われる。ただしこれはその指導者の和尚が個人的に行う。

以上は釈迦牟尼仏の定めた釈迦仏教の伝統であるが、インド・中国では大乗仏教でもほとんど同様に行われてきた。しかし日本では大乗仏教を奉じる者は菩薩戒によるべきであって、小乗仏教の律によるべきではないとして律を捨ててしまったため、僧侶の「受戒」も形式的に行われるのみである。（森）

受戒の儀式の様子

帯する仲間」（神の子たちの長子）となったのである。

このような洗礼の儀は、キリスト者にとっては、同時に教会共同体への参入という意味も持っている。自分の人生が自分ひとりのためのものではなく、むしろ数多くの人たちに支えられつつも数多くの人たちを支えるための奉仕の道具としての道でもあることを理解していくことが共同体生活の意義なのである。以上述べてきたように洗礼には、次の三つの意味がある。

①罪の洗い清め――個人の回心《かいしん》と再起
②いのちの充実――新しいいのちの始まり
③共同体への参入――相手を支える道への参入

古代において、キリスト者の教会共同体は東方地域としてのギリシア周辺で礼拝《れいはい》的な神学を形成し、西方地域としてのローマ帝国中枢《ちゅうすう》部《ぶ》においては生活規範的な教会法学を洗練させたが、両者はゆるやかな連携に裏打ちされて全教会を豊かに唱導した。

なお、洗礼を理解する際に、東方教会では、「人間が神の恵みに満たされて栄光化すること」に重点が置かれた。一方、西方教会では、「罪の洗い清めによる人生の再出発」のほうに洗礼理解の強調点がすえられたのである。これらの立場を綜合して受け継ぐ必要がある。（阿部）

仏教は「業《ごう》」をどう考える

ブッダは次のように言われている。

「これら三つは「外道《げどう》」の所依《しょえ》とするものである。第一は、人は楽あるいは苦を受けるが、その一切は前世に作られたものが原因であると説くもの、第二は、その一切は神が作ったものが原因であると説くもの、第三は、その一切は因もなく縁もないと説くもの、である」

これらは宿命造論《しゅくみょうぞうろん》・尊祐論《そんゆうろん》・無因無縁論と呼ばれているが、現代語では運命論・神意論・偶然論に当たるであろう。これらは仏教の立場ではなく、外道の立場であるというのである。

それでは仏教の立場はどうかといえば、それは業論・行為論・精進論であるとする。要するに仏教では、私たちが幸せになるのも不幸せになるのも、すべては私たちの努力次第というのである。この業には身・口・意の三があるが、その主体は意思である。例えば殺人を犯したとしても意思がなく夢遊病者的な状況であったとするなら、それは業ではない。業をもっとも典型的に語ることばは因果応報であって、それを端的にいえば善因楽果、

キリスト教は「業《ごう》」をどう考える

キリスト教は、人間の主体的責任と自由とを重視する。つまり、一回かぎりの、かけがえのない人生を精一杯生きる人間の尊厳を前面に据《す》えるのがキリスト教の人間理解である。人間ひとりひとりは自分の力で生きていけるだけの主体性を与えられており、相手の人生を支える責任を負っているが、そのような自他共存の動きは決して強制的なものではなく、主体的かつ自発的な自由によって実現していく。

キリスト教の価値観にもとづけば、人生は繰り返しがきかない。それゆえに、決してやり直しのきかない一度だけの人生を全力投球の姿勢で生き抜くことがキリスト者の生き方である。

右のような次第で、キリスト教には「業」という視点自体が存在しない。ひとりの人間にはその人の主体性と責任が問われているのであり、前世の自分というものは想定されていないし、後の世での生まれ変わりの自分というものも埒外《らちがい》とされている。

キリスト教の立場にとって、人間は神によって一度

悪因苦果である。これは異熟因《いじゅくいん》・異熟果《いじゅくか》とよばれ、因となるものは善・悪の性質を有する行為であるが、その果報は楽・苦であって善・悪の性質を持たない。

このほかに善因善果・悪因悪果という関係もあって、これは同類因《どうるいいん》・等流果《とうるか》と呼ばれるが、これは業とはされない。もしこれを業とすると、善は善を呼び、悪は悪を呼んでとどまらないことになってしまう。しかし業はいったんそれが楽・苦の果報を結んでしまえば、先になした業は消えてしまって、新たな自由意思による善・悪の行為の可能性が生まれることを保証しているのである。宿命造論は前世において作った業が今世に影響して、現世における自由な行為の可能性を許さないから、ここが相違する。そして注目すべきは「共業《ぐうごう》」という考え方である。上記は「自業自得」ということばが端的に表わすように個人の範疇《はんちゅう》であるが、これは社会や世界の全体が幸せになるのも不幸になるのも、私たちが共になす業次第というのである。例えば私たちが大量の二酸化炭素を放出すれば地球環境を悪化させるというような関係である。そこで仏教では太陽系宇宙もすべて一切衆生の業によって作られたものであり、それが破壊されていくのもすべて一切衆生の責任であるとする。（森）

だけいのちを与えられて現世に生まれてくるのであり、現世での主体的な人生を生き抜いたあとは、その人生の送り方が神と隣人とに奉仕するという意味での愛に満ちていたかどうかで評価される（私審判《ししんぱん》）。

そして、人類全体の歴史における共同体的な歩みのなかでの個人個人の努力の仕方についても、神から評価される（公《こう》審判）。

こうして、キリスト教は、各自のかけがえのない一回かぎりの人生、つまり各人の個別のいのちの在り方を大切に理解することで、決して繰り返しのきかない貴重な歩み方を強調する。それゆえに、各人は自分の人生をていねいに生きていく努力を重ねると同時に、他者の人生をも尊重して支えていくのである。

なお、いのちを与えるのは神であるとキリスト者は信じており、人間は神から与えられたいのちを責任をもって用いることで神に感謝の意を表明する。それゆえに、自分のいのちを大切にし、他者のいのちを尊敬して支えることは、ひっきょう神を最大限に大切にすることに他ならないのである。つまり、神への愛と隣人愛（他者への思いやり）とは『かけがえのない『あなた』を重んじる』という意味で常に連動する。（阿部）

仏教が説く生き方の指針

「生き方の指針」という意を表わす仏教用語は「戒」であろう。戒についての詳しいことは「戒律」の項を参照されたいが、そこにも書いたように広い意味の戒は三《さん》蔵《ぞう》の中の「経蔵」のなかに示された生き方がこれに相当する。しかしながら仏教には八万四千の法門といわれるように、阿含経《あごんきょう》や法華経、浄土経典などたくさんの経があるから、この生き方の指針もたくさんあることになる。しかしすべての経に共通するのは、「諸悪莫作《しょあくまくさ》（悪いことをなすなかれ）　衆善奉行《しゅぜんぶぎょう》（よいことをつつしんで行え）　自浄其意《じじょうごい》（自らの心を浄めること）　是諸仏教《ぜしょぶっきょう》（これが諸々の仏の教えである）」という教えとしてよいであろう。これは「諸仏通誡偈《しょぶつつうかいげ》」と呼ばれるように、諸々の仏はそれぞれ別の戒を説いたが、これは諸々の仏が共通して説いた教えであるとされている。

また仏教徒であればすべからく仏になることを目標とし、そのためには菩薩の自覚を持たなければならないとされるが、菩薩の共通目標は、「衆生無辺誓願度《しゅじょうむへんせいがんど》（すべての生きとし生けるものを救いとらずにはおかないという誓い）

キリスト教が説く生き方の指針

キリスト者は神の前で平等に、おたがいに相手を尊重して支えあうことで豊かに生きることを目指す。つまり、愛を土台にした信頼と希望の道がキリスト者の歩みである。キリスト教の核心を言語化したパウロは、愛こそがキリスト者の生き方の目的であり、愛を生きるときにキリスト者は相手に対する信頼を深め、希望に満ちた喜びを身に覚えると強調している（1コリント13・13）。

キリスト者は古代ギリシア以来の、「枢要徳《すうようとく》」を、あらゆる人間に共通する生き方の規範として尊重する。枢要徳とは以下のとおりである。

①**賢慮**《けんりょ》（相手の幸せを目指して賢く配慮すること。相手の必要性を相手の身になって察知し、今まず第一に何をすべきかをわきまえるのである）／②**節制**（生きるために必要な食物や財を適正に用いて、必要以上に浪費しないこと。他者と自分が共存していけるような適切なバランスのとれた状況を実現すること）／③**剛毅**《ごうき》（いかなる困難がふりかかろうとも相手を支える信念をしっかりといだきつづけて物事を完遂していく力強い実行力を備えていること）／④**正義**（相手と自分との共存共栄を目指して

煩悩《ぼんのう》無尽《むじん》誓願《せいがん》断《だん》（すべての煩悩を断ぜずにはおかないという誓い）法門《ほうもん》無量《むりょう》誓願《せいがん》学《がく》（すべての教えを学び取らずにはおかないという誓い）仏道《ぶつどう》無上《むじょう》誓願《せいがん》成《じょう》（この上ない仏の悟りを実現しないではおかないという誓い）」という「四弘誓願《しぐせいがん》」である。したがってこれも仏教徒の生き方の指針としてあげることができるであろう。簡単に言えば、すべての人々を幸せにすること、そして併せて自分も真の幸せを獲得すること、をモットーとするということである。

ところで「諸仏通誡偈」の教えでは、何が悪で、何が善であるかが問われることになるであろう。もちろんこれは仏教的な価値観によっているのであって、仏教徒としての究極的な目標である悟り（真の幸せ）に資するものが善であり、それに反するものが悪ということになる。そして悟りに資するものとは簡単に言えば、罪を怖れて、もし犯したならばこれを恥じ、貪らず・怒らず・智慧を磨くということになる。これが「自浄其意」の意味である。

「悟り」や「業」の項にも書いたように、仏教の教えは絶対唯一なる神によって救済されるのではなく、私たち人間が努力して智慧を磨き、自らが仏になるという教えであり、ここにもそれが端的に現れているとすることができる。

（森）

健全なる関わりの状況を構築していくための基準を定め、合意のもとで協調して生きていくこと）

さらに新たな視座として、キリスト者は「対神徳《たいしんとく》」を加える。対神徳とは、以下のとおりである。

①**信仰**（常にすなおに神を認めて、神に信頼して、あらゆる疑いをすてて前向きに生きること。神から支えられてこそ、自分が生きていけるという事実に気づいて、熱心に応答すべく「祈り」に力を入れることにつながる）／②**希望**（世の中の不条理に決して絶望することなく、慈愛深い神が必ず何とかしてくれるという期待をいだきつづけること。この世の果てに神が愛深くあらゆるものを大切につつみこんで最良の状態に導いて完成させることを待ち望むこと）／③**愛**（相手の幸せを心より願って、大切に支えること。感情や気分によって左右されることなく、意志的に努力して相手を受けいれつつ、理性的に相手の状況を分析しつつ適切な励ましを与えること）

こうしてキリスト者は「人間一般の倫理的な生き方」（枢要徳）をありのままに尊重すると同時に、さらに高い規範としての「神との関わり」（対神徳）を最重要目標として実践していくのである。なお、現代は「疑い・絶望・憎しみ」がうずまく世界の状況があり、それらを乗り越えて生きていくためにも「対神徳」がヒントになる。

（阿部）

⑯ 分裂・分派はなぜ起きたか、その違いは

仏教の分裂・分派はなぜ起きたか、その違いは

仏教の歴史の中ではたくさんの学派あるいは宗派が生まれた。そもそもは仏教は大きくは歴史上の釈迦牟尼仏の教えに帰依する釈迦仏教と、時代的にはそれから四百年ほど以降に作られた大乗を自称する経典に帰依する大乗仏教に分かれる。大乗仏教がどのように興《おこ》ってきたのかは未だに謎であるが、少なくとも釈迦仏教から分かれたという認識はもたれていないから、これを分裂ないしは分派とは考えていない。また大乗仏教はけっして一つの流れではなく、その最初期には般若経、法華経、華厳経、浄土教経典などが、中期には如来蔵《にょらいぞう》系、唯識《ゆいしき》系の経典が、後期には密教経典が作られ、これらの経典を信奉する人々もそれぞれ独自の宗教活動を行っていたと考えられるが、しかしこれまた分裂・分派とは捉えられていない。

さらに細かくいえば、インドでは釈迦仏教に説一切有《せついっさいう》部《ぶ》や大衆部《だいしゅ》などの二十の部派が生まれ、大乗仏教には中《ちゅう》観《がん》派《は》と瑜伽《ゆが》行《ぎょう》派《は》という学派、中国・日本では天台宗、三論宗、法相宗《ほっそう》、禅宗、真言宗、浄土宗などが生まれた。

このような学派・宗派のなかにはある大元の宗派を継

キリスト教の分裂・分派はなぜ起きたか、その違いは

キリスト教的な価値観を奉じて生きる人でも実はそれほど崇高な人生を送っているわけではなく、単なる人間にすぎないわけで、自ずとそれぞれの感情や気分に左右され相手をぞんざいに扱う場合も多い。こうしてキリスト者同士が人間的な好悪の都合に左右されて衝突する場合も日常茶飯事《さはんじ》となる。結局は人間的な欠点がなかなか直せないキリスト者同士の未熟さが分裂や分派を生じさせた。それゆえキリスト者は常に自己中心的な生き方を悔《く》い改《あらた》め続ける回心《かいしん》の歩みをたどることを要請される。

キリスト教の歴史をふりかえると、まじめすぎる正義感が内部分裂を助長し、別組織を生むに至った経緯が見えてくる。たとえば二世紀のテルトゥリアヌスにせよ四世紀のペラギウスにせよ、ドナトゥスにせよ、有能な神学者のほとんどが生真面目《きまじめ》で誠実な努力家タイプの信仰者であった。彼らは極端な節食《せっしょく》や徹夜の祈りや自己鍛錬《たんれん》などの修行や自他への謹厳《きんげん》な禁欲を旨《むね》とする信仰生活表現を先鋭化《せんえいか》しつつ現世を徹底的に否定した。しかし、彼らは他者を切り捨てる厳しさのゆえに教会の指導的会議

承したり、あるいはそれから分派したというものもないではない。たとえば釈迦仏教の二十部派はまさしくブッダの教えの解釈の相違によって分派したものである。しかし他の大部分の学派・宗派は、系統づけはできるけれども分裂・分派という認識はもたれていない。

要するにこれらは、一本の大きな幹から枝分かれしたものではないということになる。といってもこれらはすべて仏教という枠の中に括《くく》られるのであるから、上記のような学派・宗派は、大きな仏教という森の中の一本一本独立した樹木であるということができる。

なぜこのような奇妙なことが起こりうるかといえば、そもそも仏は一人ではないし、仏教の教えの基本は縁起であって、むしろこうでなければならないという絶対唯一の教説を立ててはならないとされ、さらには時代や国土に応じた教えが説かれるべきであるとも考えられたからである。したがって仏教には中央集権的に組織された教団というものもなかった。しかし日本においては徳川時代に、幕府が仏教を統制するために本山と末寺を系列化させる本末制度を作ったために、これによって中央集権的に本山によって統括される現代的な宗派というものが初めて形成されたといってよい。

（森）

（全体の会議としての「公《こう》会議」、および地域の諸問題を検討する「教会会議」）において異端とされた。

組織的に見ると、一〇五四年に東方《とうほう》教会と西方《せいほう》教会が決定的に袂《たもと》を分かった。前者は「正《せい》教会」（正統な教会、オーソドックス教会）として、イエスの十二弟子の伝統を「十二人の平等な尊厳」に重点を置いて理解する。一方、後者は「普遍的教会」（カトリック教会）として、イエスの十二弟子の伝統を「十二人の平等な尊厳」を担《にな》いつつも、全員の総意の代弁者としてペトロのリーダーシップを重んじる方向で理解した。前者は、ギリシア地域はギリシア正教として、ロシア地域はロシア正教として、それぞれの地域の主教の尊厳を最大限に認める。それぞれの地域の主教は全体としてゆるやかな交流を保ち、協働していく。後者は全司教《しきょう》の総意の代弁者としての教皇《きょうこう》（ペトロの後継者）を尊敬することで全体の強力な一致を実現する。十六世紀になると西方のカトリック教会内部の信仰生活刷新運動の一環としてドイツのマルティン・ルターとその仲間たちがプロテスタント教会の先駆《さきが》けとなった。結局、様々な分裂の根底には、常に各時代の人間同士の政治的・経済的・感情的な対立が存在しており、純粋な信仰心を蝕《むしば》んで取り返しのつかないほどの断絶を生み出した。

（阿部）

仏教の分派の系統図

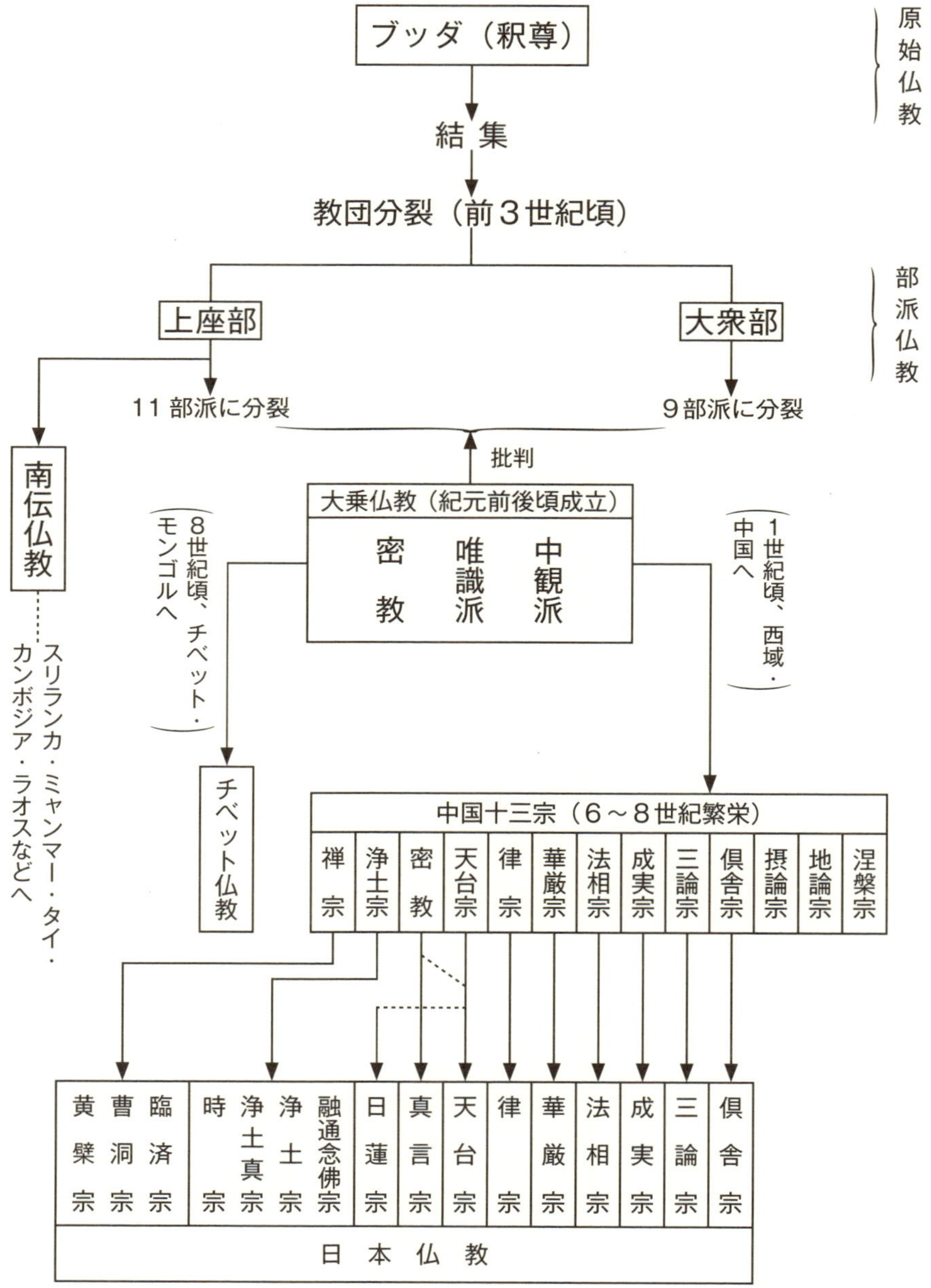
ブッダ（釈尊）
原始仏教
結 集
教団分裂（前３世紀頃）
部派仏教
上座部
大衆部
11 部派に分裂
9部派に分裂
批判
南伝仏教
スリランカ・ミャンマー・タイ・カンボジア・ラオスなどへ
大乗仏教（紀元前後頃成立）
密教
唯識派
中観派
8世紀頃、チベット・モンゴルへ
1世紀頃、西域・中国へ
チベット仏教
中国十三宗（6～8世紀繁栄）
禅宗
浄土宗
密教
天台宗
律宗
華厳宗
法相宗
成実宗
三論宗
倶舎宗
摂論宗
地論宗
涅槃宗
黄檗宗
曹洞宗
臨済宗
時宗
浄土真宗
浄土宗
融通念佛宗
日蓮宗
真言宗
天台宗
律宗
華厳宗
法相宗
成実宗
三論宗
倶舎宗
日本仏教

キリスト教の分派の系統図

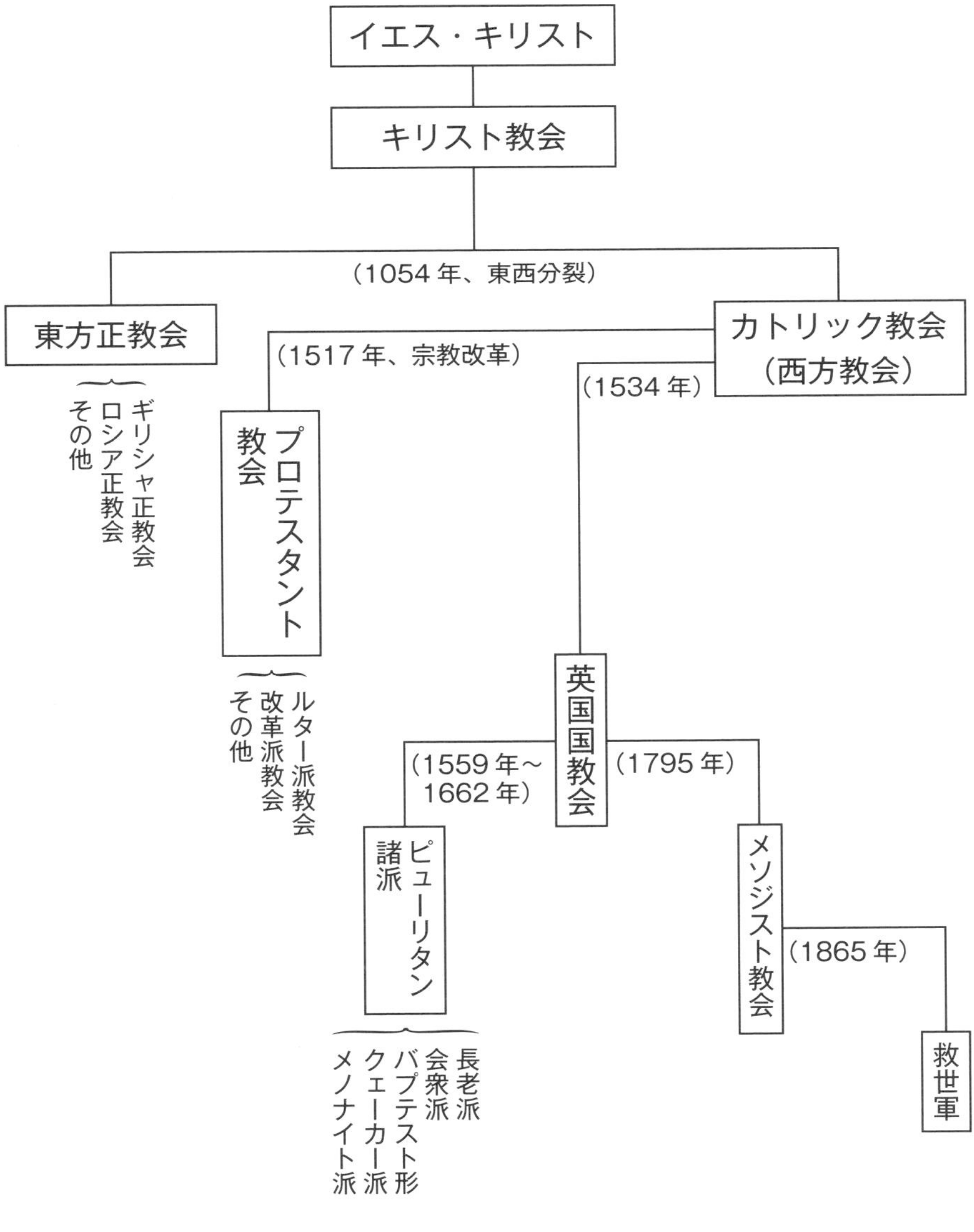

※これらの図は、加藤智見著『宗教のススメ』（大法輪閣）所載の図にもとづいて作成した。

【Ⅲ】僧侶と聖職者

佐藤 達全／九里 彰

仏教の寺

寺は寺院とも呼ばれ、仏像を安置し、僧が仏道修行や仏事を行うところである。さらに、寺には役所・官舎という意味がある。伝説によると、西域《さいいき》の僧が中国（洛陽）に仏教を伝えた時、最初は鴻臚寺《こうろじ》に滞在していたのだが後に経典の翻訳をするために白馬寺を建てて移り住んだという。そのことから、僧が住む場所を寺と言うようになった。

また、寺院の建造物を伽藍《がらん》ということがあるが、伽藍はサンスクリットのサンガーラーマの発音を漢字で表記した僧伽藍摩の略で、僧が集って修行する清浄な場のことである。僧が寺に定住化するようになった現在では、寺院の建造物は、礼拝《らいはい》の対象となる仏像等をお祀りする堂塔と僧が居住する僧坊《そうぼう》とに分けられる。（佐藤）

福井・永平寺僧堂

キリスト教の教会

教会と言うと、「教会堂」という建物を指している場合も多いが、原語のギリシア語「エクレーシア」は、「神の民」を意味するヘブライ語「カーハール」の訳である。つまり、教会は、イエス・キリストを信じる人々の集まり、「新しい神の民」を意味している。

その発端はキリストを中心にした十二使徒団だが、教会の成立は、復活・昇天後に起きた聖霊降臨の時とされている。この後、教会は聖霊に満たされて、全世界に福音を宣教して行くことになる。

とはいえ、教会は、長い歴史の中で、東方教会と西方教会に、西方教会はさらにカトリック教会とプロテスタント教会に分裂する。信仰は同じでも、教会によって、聖書の正典、教義、典礼、組織など、微妙に異なっている。（九里）

長崎・浦上天主堂と聖像

仏教の出家者（僧侶）と在家者

出家というのは、家族と別れ世俗の生活から離れて修行者の仲間に入ることである。紀元前五世紀頃、インドではバラモン教の伝統的な教えに反発する人々が煩悩の束縛から解放された生き方を求めて、思索や苦行などの修行を行うようになった。そうした人々のことを出家者というが、ブッダもその一人である。

これに対し、在家というのは仏教徒としてブッダの教えを信仰し生活のよりどころとしてはいるものの、僧侶（聖職者）のように出家生活をしていない人のことを意味している。古代インドでは出家者は結婚をせず、労働にも携《たずさ》わらなかったが、在家者を教え導く立場として尊敬されていた。

一方、在家者は出家者を経済的に援助する存在で、両者ははっきりと区別されていた。しかし、中国では出家は儒教《じゅきょう》の孝の教えに基づいた社会規範に反するとして非難され、現在の日本では出家者が守るべき戒律が必ずしも厳格であるとはいえず、出家と在家の境界はあいまいになっている。（佐藤）

キリスト教の聖職者（神父・牧師）・修道者（修道士・修道女）と一般信徒

キリスト教と言っても、教会によっていろいろである。ローマ・カトリック教会では、聖職者と修道者（修道女）は結婚しない。プロテスタント教会では、牧師（最近は女性の牧師もＯＫ）は結婚し、家庭を持つことが許されている。他に東方教会（ギリシャ正教やロシア正教など）があり、まったく別の組織となっている。

カトリックの場合、聖職者とは、ローマ教皇《きょうこう》を頂点に、枢機卿《すうききょう》、大司教《だいしきょう》、司教、司祭、助祭という人々を指している。彼らは、羊の群れを導く牧者のように、一般信徒の群れを一つにまとめ、教え導く役割を担っている。

これに対し、修道者は、すべてを捨ててキリストの後に従った最初の弟子たちの姿にならうもので、修道誓願を立て、生涯、修道生活を送る。カトリック教会は一つだが、修道会は多数ある。それらは、各会の創立者の霊性に基づき、教会と社会のために奉仕している。

教会の大多数を占める一般信徒は、聖職者でも修道者でもない人々で、普通の人々と同じように結婚し、家庭を持ち、社会で働きながら、福音を証《あか》して行く。（九里）

仏教の修行

仏教における修行は、煩悩にとらわれることなく人間としての正しいあり方に基づいて生きるために、自己の行いを正し修めることである。そのためには、戒学《かいがく》と定《じょう》学と慧《え》学の三学を修めなければならないと考えられた。戒学は身体と口と心で悪いことを行わず善行を実践することである。定学は心が散漫になることを防ぐことであり、慧学というのは智恵を身につけてあらゆる事柄の真実の姿を見きわめることである。

この三つが互いに作用しあい、戒を守って生活することで心も落ち着き、正しい生き方ができるようになるのである。修行道場では、日常生活のすべてが修行であるという観点から、経を読むことや坐禅をすることはもとより、作務《さむ》といった労働を含めた行住坐臥《ぎょうじゅうざが》がすべて修行と考えられた。

これに対し、一般社会で用いられる修業という語は学問や技芸を身につけることで、技術を修得する意味で「業」という漢字を用いるが、仏教の修行は「わざ」を磨くことではない。（佐藤）

キリスト教の修行

修行にあたる言葉は、キリスト教ではアシェーシスという言葉であろう。これは、ギリシャ語の「鍛錬」という言葉に由来し、単なる禁欲とか苦行ではなく、全人的な変革を意味する修徳とか修道のことを指している。

修道者は、貞潔、清貧、従順の修道誓願を立てるが、これは単に結婚せず、贅沢をせず、自分の意志を行わないことではなく、神のみを愛し、神のみで満足し、神のみに従ったキリストの生き方にならうものである。この誓願を生涯誠実に生きることにより、キリストに似た者、神の愛の人となっていくことが求められている。

このために何よりも求められているのは、祈りであり、愛の奉仕である。カトリックの聖職者には、修道者である場合（修道司祭）と、そうでない場合（教区司祭）とがあり、後者の場合は、結婚はしないが、修道生活は送らない。プロテスタントの場合は、結婚し、家庭を持つことも、女性が牧師となることもできる。修行という意味での修道生活は、普通の修道者（ブラザー）や修道女（シスター）の内によりよく現れている。（九里）

仏教の修行寺（専門僧堂など）

寺院はもともとは僧が修行する場であったが、長い歴史を持つ仏教寺院では礼拝《らいはい》の対象となる仏像が芸術的に優れた価値を持っている場合がある。さらに、寺院の建物そのものが文化財的な価値のある場合も少なくない。そのため、芸術的な関心から仏像を鑑賞したり文化財的な視点から伽藍を眺めたりする人も多く見られる。全国にはそうした人が大勢訪れる寺院があり、観光客に開放されていて観光寺院と呼ばれている。

これに対し、ブッダが定めた行動規範（戒律）を厳格に守りながらその教えを学び、ひたすら自己の修養に励む修行僧が集団生活をしている寺院がある。こうした寺院は修行寺と言われるが、そうした寺には、修行僧が坐禅や食事をする僧堂《そうどう》という建物がある。

さらに、日本の禅宗では僧侶が住職の資格を取得するために一定の期間、修行する場を特に専門僧堂ということもある。観光寺院の中にも僧堂を有する場合があるが、そこは観光客にも開放されず厳粛な雰囲気に包まれた場になっている。（佐藤）

キリスト教の修道院

修道院とは、修道者が一緒に修道生活を送る場所のことである。カトリックには、たくさんの男子修道会、女子修道会があり、多くの場合、本部をローマに置き、全世界的な組織を持っている。

修道生活の形態は、創立者の霊性によって、さまざまであるが、大きく分ければ、一生修道院の中で祈りと労働の内に過ごす観想修道会と、社会のただ中で、教育、医療、社会福祉など、困っている人々、貧しい人々に奉仕しながら福音を宣教していく活動修道会に分けられる。

教会の長い歴史において、多くの修道会が生まれ、また消えて行ったが、多種多様な修道会のすべてに共通する点は、自分のすべてを神と教会のために奉献してゆくということである。それは、貞潔、清貧、従順の修道誓願の内に具体化されている。

修道院とは、ミサや祈りの内で神と交わりつつ、共同生活の中で兄弟（姉妹）と交わり、神の愛の家族、福音的な共同体を形成していく修道の場である。そこから修道者は、この世へと派遣されているのである。（九里）

仏教の僧侶になるには

僧侶になるための道のりは宗派によって異なるが、共通しているのは、まず最初に、この人ならと信頼できる住職（師僧）を探すことである。そして、住職の弟子になれたら出家するための得度式《とくどしき》という儀式を行う。

得度の「度」は「渡」に通じ、「渡る」は「渡す」という意味であり、迷いの世界から悟りの世界である彼岸に渡ることで、僧侶の役割が他者を導き渡すことを意味している。得度して僧籍を取得した後、本山や僧堂といった専門の修行道場で一定の期間、修行をすることが必要である。

僧侶になるために特に学歴は関係がないのだが、宗派によっては修行の期間が異なる場合がある。また、住職になるまでの段階は宗派によって詳細に定められていることがある。

ただ、住職になったからといって修行が終わったわけではなく、生き方に迷い悩む多くの人々（衆生《しゅじょう》）に教えを説く立場として、ブッダの教えを学び続けると共に自己の修養に努めることが求められる。

（佐藤）

キリスト教の聖職者（神父・牧師）・修道者（修道士・修道女）になるには

ローマ・カトリック教会の神父あるいは修道者、修道女になるには、当然、カトリックの信仰と人間的霊的な成熟が前提とされている。どちらの場合も、独身であること、婚姻の絆で結ばれていないことが求められている。

神父になるには、一定の年齢（二十五歳以上）と学識が必要とされている。これは、一般の信徒たちを牧者として導いていくためであり、神学校に行って哲学や神学などを、一定期間、勉強しなくてはならない。教区司祭の場合、養成期間は六年だが、修道司祭の場合には、各修道会の養成プログラムに従い、年数は異なり、十年以上になることもある。修道者、修道女になるには、神学校に行く必要はないが、各修道会の霊性（会憲・会則）に則って、養成期間を過ごさなくてはならない。年数は各会によって異なり、一般的に、志願期、修練期、有期誓願期を経て、終世誓願（荘厳誓願）を立てることによって、その会の正式な会員となる。

プロテスタント教会には、さまざまな派が存在し、現在では、女性も既婚者も牧師になることができる。

（九里）

仏教の戒名《かいみょう》とは

仏教では出生届をする時につけられた名前を俗名《ぞくみょう》と呼び、お葬式の時に授ける名前を戒名と呼んでいる。戒名というのは仏教徒であることを示す名前である。仏教徒というのは仏教の教えを信仰する人のことであり、ブッダの教えを信じるだけでなくその教えに従って生活する人のことである。

ブッダの教えは生き方についての道しるべであるから、仏教徒は日常生活においてブッダの定めた①不殺生《ふせっしょう》②不偸盗《ふちゅうとう》③不邪婬《ふじゃいん》④不妄語《ふもうご》⑤不飲酒《ふおんじゅ》という五戒《ごかい》（五種類の戒め）を守って生活しなくてはならない。

このことからわかるように、戒名はもともとは死後につけられる名前ではなく、ブッダの教えを守って生きることを誓った人の名前なのである。また、戒はインドの言葉シーラ（習慣という意味）のことであるから、押しつけられたり強制されたりするものでなく、自分の意思で行う主体的な自己規制という点に特徴がある。

なお、宗派によっては戒名といわず法名《ほうみょう》（法号《ほうごう》）と呼んでいる。

（佐藤）

キリスト教のクリスチャンネームとは

教会で司祭《しさい》（神父）や牧師から洗礼を授かる時、洗礼名としてクリスチャンネーム（洗礼名）をいただく。カトリックでは、幼児洗礼の場合は両親や代父母が、成人洗礼の場合は自分で、模範とすべき聖人名を選ぶことができる。それは、その聖人のご保護のもとにキリスト者としての道を歩み、その聖人のようになっていくようにとの願いが込められているからである。

洗礼を受けるには、言うまでもなく、イエス・キリストへの信仰が前提されている。成人の場合は、ミサに与《あずか》り、教会の教え（要理）を学び、教会の人々と交わることが勧められている。

洗礼とは、キリストが死から復活の命へと過ぎ越したように、受洗者が古い自分に死んで、神の子供として新たに生まれ、新しい人となることを意味している。花婿キリストと結婚する花嫁という愛のイメージもあり、洗礼式にはお葬式、誕生会、結婚式の三つの意味が重なっている。クリスチャンネームは、教会共同体の一員となったことを端的に示すものなのである。

（九里）

第二章

仏教を、より深く知るために

ブッダの魅力

宮元啓一

「ブッダの魅力」ということばで、わたくしの脳裏に真っ先に浮かぶものは、人々にたいするその教えの巧みさということである。いわゆる「対機説法《たいきせっぽう》」とか「応《おう》病与薬《びょうよやく》」とかと呼ばれる、相手の資質、機根をしっかりと見据《みす》えた教えの巧みさのことである。

こうした教えの巧みさを目《ま》の当たりにすることのできる文言は、仏典の随所に見られ、おそらく枚挙に暇《いとま》ないことであろうから、ここでは、パーリ律蔵《りつぞう》所収の『マハーヴァッガ』（大品《だいほん》）における記述を少しばかり垣間見ることとする。

◆巧みな説法

まず、成道《じょうどう》ののち、ブッダはかつての苦行仲間であった五人の比丘《びく》に最初の教えを説く（初転法輪《しょてんぼうりん》）のであるが、その話の順序に何ともいいがたい巧みさが見られる。

五人の比丘にたいする最初の説法はつぎのごとくである。

「比丘たちよ、出家たる者は、二つの極端に親しみ近づいてはならない。二つとは何か。〔第一の極端は、〕欲望の対象の中にあって欲望と快楽とにはまり込むことであり、これは劣っており、卑《いや》しく、凡《ぼん》俗《ぞく》の者たちのものであり、聖賢のものではなく、不利益と結びついている。〔第二の極端は、〕みずから疲《ひ》弊《へい》にはまり込むことであり、これは苦であり、聖賢のものではなく、不利益と結びついている。健勝なるお方（如来）は、この両極端を捨て、中道《ちゅうどう》を覚知した。それは〔真理を見る〕眼をもたらし、智慧をもたらし、平安と証智と目覚めと涅槃《ねはん》とに資するものである」

これは、いわゆる「苦楽中道」という教えである。なぜブッダはこれを最初に説いたかといえば、それはみずからの半生の経験からきているものである。

すなわち、ブッダは、釈迦族の国家の王子としていかなる快楽も手にする身であったが、この世に生きていることにかならずつきまとう苦しみ、空しさを痛感し、ついには若くして城を出奔《しゅっぽん》して出家となった。そして、初め少しばかり無念無想型の瞑想の道を歩んだが、それに失望して激しい苦行の道に入った。極端な断食のために骨と皮だけになったり、無茶な止息行《しそくぎょう》で仮死状態に陥ったりした。

説法をするブッダの像
（インド・サールナート博物館蔵）

しかし、やがてブッダは、ただ肉体を痛めつけるだけの苦行が解脱《げだつ》にいたる道ではないと確信し、苦行の道を捨て、そしてみずからが開発した徹底観察・思考型の瞑想に入り、ほどなくして修行を完成し、解脱し、目覚めた人となった。

ブッダが最初の説法で相手にした五人の比丘たちは、かつては苦行の道で互いに励ましあったこよない仲間であったが、ブッダが苦行をやめて里に下ったことを、贅沢に溺《おぼ》れ、堕落したのだと考えた。

かれらは、すでに出家となって、第一の極端である快楽原理で動く俗世から出離していたが、第二の極端である疲弊《ひへい》するばかりの苦行の道にしがみついていた。ブッダは、かれらが第二の極端からも離れなければ、真理を見る眼を得ることはかなわない、このままでは最初の説法はうまくいかないと判断し、初転法輪の冒頭に、このような苦楽中道の教えを説いたのである。

五人の比丘たちは、まずそうした教えに納得することによって、そのあとに続くブッダの教えに素直に耳を傾ける心構えがおのずから出来上がっていったのである。五人の比丘たちは、最初の教えの相手としてブッダが選んだだけのことはあり、きわめてすみやかにブッダの教えを心底から理解し、ブッダの弟子となり、修行を完成し、世間から尊敬を受けるに値する者（阿羅漢《あらかん》）となった。

ブッダはやみくもに真理を説いたのではなく、相手の状況を考慮にしっかりと入れ、まことに順序よく教えを説いたのである。みごとというべきであろう。

◆「順序良く」ということの大切さ

右の五人の比丘はとうに出家であったのであるが、では、在家の人にブッダがどのような教えの説き方をしたのだろうか。

ヴァーラーナシー（ベナレス）の富豪の息子でヤサという青年が、快楽原理で動く世間に失望し、家出してさまよっていたとき、たまたまブッダに出会った。『マハーヴァッガ』によれば、かれにたいするブッダの説き方はつぎのようなものであったという。

「かたわらに坐した良家の息子・ヤサに、幸あるお方（世尊）は、順序立てて語りたもうた。すなわち、布施の話、戒《かい》（心がけ）の話、天界の話、欲望が悲痛であり、虚仮《こけ》であり、苦しめるもの（煩悩）であること、出離の功徳を明かされた」

つまり、ブッダは、まずは在家向けに、布施が大きな功徳であることを説き、ついで後に「五戒」としてまとめられることとなる戒を保つことがすばらしいことを説き、そして、罪障を避けて功徳をしっかりと積めば、今生で死んだ後、神々に生まれ変わることができることを説いた。神々も輪廻《りんね》の存在なのであるが、輪廻の存在のなかでもっとも苦しみが少ないことになっている。と、ここまでが在家向けの話である。しかし、それに留まらず、ブッダは、欲望が苦しみの原因であること、欲望を離れるためには出家となるのが最善であると説き進めている。出家の勧めである。

『マハーヴァッガ』の記述はさらにつぎのように続く。

「幸あるお方は、良家の息子・ヤサが、従順な心を持ち、柔軟な心を持ち、覆《おお》いのない心を持ち、喜びの心を持ち、明浄な心を持っているのを知りたもうた時、もろもろの目覚めた人々の最勝の説法を、すなわち、苦《く》・集《じゅう》・滅《めつ》・道《どう》を明かされた。たとえば、清浄で黒ずみのない衣が正しく染色を受けるのとまったく同じように、良家の息子・ヤサに、その座において、『およそ生ずる性質のものは、すべて滅する性質のものである』という、塵《ちり》を離れ、汚れを離れた真理の眼が生じた。（中略）時に、良家の息子・ヤサは、長者・家長が退出して間もなく、幸あるお方に、次のように語りかけた。『尊いお方よ、私は幸あるお方のもとで出家して、具足戒《ぐそくかい》を得たいと存じます』と。幸あるお方は語られた。『来なさい比丘よ。真理は善く説かれた。清浄な行を修して、ただしく苦を滅ぼしなさい』と。これがかの長老の具足戒となった」

ここでもブッダは、誰彼かまわずやみくもに教えを説いたのではないことが分かる。すなわち、「従順な心を持ち」うんぬんとあるように、ブッダは、聞く耳、理解する能力を相手が持っていることをきちんと察してから最勝の教えを説いているのである。これを逆にいえば、聞く耳を持たず、理解する能力を持っていない人に、最勝の教えを説くことはなかったということになる。いわゆる「縁なき衆生《しゅじょう》は度しがたし」である。

ちなみに、目覚めた人々の最勝の教えとは、ここでは、四聖諦《ししょうたい》の教えのことを指している。すなわち、この人生は苦しみに満ちていることは疑いがないとする苦聖諦、その苦しみには原因があり、それは渇愛《かつあい》であることは疑いがないとする苦集聖諦、渇愛を滅ぼせば苦しみがなくなることは疑いがないとする苦滅聖諦、そのようにする道が八正道としてあることは疑いがないとする苦滅道聖諦、以上の四つの真理である。

最初の説法で五人の比丘を阿羅漢にした後、最初に弟子としてブッダが受け容れたのがこのヤサである。以後、このようにして、ブッダはじつに順序良く教えを人々に説き、急速に出家の弟子、在俗信者の数を増していき、仏教教団を飛躍的に発展させることに成功したのである。

順序良くということ、これをわたくしたちもしっかりと学ばなければならないであろう。

ブッダの生涯

藤丸 智雄

誕生

およそ二五〇〇年あまり前。地中海では、ソクラテスやプラトンの活躍するギリシャ文明が胎動していた頃、インドでは十六大国と称される国家が存在し、それら大国に挟まれるように幾つもの小国が存在していた。そのうちの一つが釈迦族の国である。

そして、釈迦族の王スッドーダナ（浄飯王《じょうぼんのう》）と妃マーヤー（摩耶夫人《まやぶにん》）との間に、やがて釈迦族の王となるべき身として、ゴータマ・シッダッタ、のちに悟りをひらいて「ブッダ」となり、「釈尊」「お釈迦さま」とも呼ばれるようになる人物が誕生する（本稿では、釈尊という呼称をもちいる）。

母親のマーヤーは、釈尊を生む準備のためだったのだろう、故郷への道の途中にあるルンビニーの花園で一休みしようとした。マーヤーが、その花園にある無憂樹《アショーカ》の枝を手にしたとき、急に産気を催し、右わき腹から釈尊が誕生した。この突然の誕生が何を意味するのか不明だが、母マーヤーは一週間後に逝去する。

出家

釈迦族を率いる者として生を享《う》けた釈尊だが、誕生後、王に招聘《しょうへい》された占い師たちは「武力を用いず世界を統治する者か、真理の法をひらく覚者となるだろう」と予言する。また、神々の喜ぶ声を聴いて誕生後の釈尊を訪れたアシタ仙人は、その優れた姿を見て「この方は最上のお方であり、やがて悟りをひらかれるであろうが、私の命は残り少なく、その場にいることが出来ない」と嘆いた。

もちろん、王子である釈尊の出家は、宗教を社会の大切な価値とするインドであっても、必ずしも歓迎されるものではなかった。父王は、王位を継いでもらいたい息子のために、豪奢な宮殿を三つも設け、不自由のない生活を与えたが、憂い深く感受性の高い釈尊は、やがて出家への道を歩み始める。

釈尊は、城壁都市の東西南北の四つの門から出て、老人、病人、死者、そして出家修行者と出会う。この経験を通して、人間の根本的な苦悩を見出し、この苦悩を超克するための悟りをひらくことに自らの生きる道を見出す。

すでに、妻を得、ラーフラ（羅睺羅《らごら》。障り、あるいは月蝕の意味）という息子が誕生していた釈尊であったが、ある夜、意を決し、御者チャンナに準備させた馬カンタカに乗り、城外へと出て、出家修行者に仲間入りする。

当時、多くの行者が活躍していたが、その中でもとりわけ高名な二人の師の元を釈尊は訪れた。アーラーラ・カーラーマ師の元では、所有するという思いの無い境地（無所有処）とを学ぶ。瞬《またた》く間にこの境地に達した釈尊は、この境地に満足せず、師の元を離れる。

次に、訪れたウッダカ・ラーマプッタ師の元では、思うのでも思わないのでもないという境地（非想非非想処）を学び、この境地もわずかな時間で修得するが、これにも満足することは出来なかった。いずれの境地にも充足することのできなかった釈尊は、苦行の生活へと進む。

◆悟り

苦行は、六年間にも及んだ。釈尊の修行の地ウルヴェーラーには、多くの苦行者が集い、厳しい修行に明け暮れていた。そこで五人の修行仲間（五比丘《ごびく》）も得る。釈尊は、例えば、一日にゴマを一粒食べるだけといった苛酷な修行を行った。こうした修行の結果、若々しく生気にあふれていた釈尊の肉体は、やせ衰え、死期さえ感じさせるほどになった。

六年間、苦行を継続したのち、釈尊は、「これも正しい悟りへの方法でない」と考え苦行を止める。釈尊は、借り物でなく、自分の求める真理を、誠実に求め続けた

悟りをひらいた地・ブッダガヤー

のである。しかし、五比丘は、釈尊が堕落したと考え、彼の元を離れバーラーナシ郊外の鹿野苑《ろくやおん》へと修行場所を移す。一人になった釈尊は、ウルヴェーラーから程近いネーランジャラー河のほとりに行く。そこにやってきたのが、近隣の村の娘スジャーターであった。彼女は釈尊に乳粥を施した。釈尊は、悟りをひらくまで、結跏趺坐《けっかふざ》の修行に集中できるよう、乳粥を四十九個の団子にして準備した。そして、固い決意を結んだ釈尊は菩提樹を背にして坐り、魔による攻撃も跳ね返し、いよいよ永遠の真理を悟る。

さて、悟りの内容については諸説あるが、現存する資料によれば「縁起《えんぎ》」が、さとりの内容であったと言って良いだろう。釈尊の菩提樹下の悟りは「縁起」という理法、すなわち極めて理知的なものであったことが、苦行と決別したことの意味を象徴的に表している。

◆伝道

悟りをひらいた釈尊は、四十九日間、何の畏《おそ》れも憂《うれ》いもなく、法悦に浸った。当初、悟りについて、他の人びとに伝える思いを釈尊は持っていなかった。「悟りは、世間の人びとの流れに逆らうものであり、貪《むさぼ》りの中にある人々は、これを理解できないだろう」と考えたのである。そこに梵天《ぼんてん》が現れる。

梵天、すなわちブラフマーとは、真理を神格化したものであり、古代インドの最高神のひとりであった。梵天は、繰り返し、法を説き示すように要請し、釈尊は法を説き始めることを決意するに至る。この梵天の切なる願いによって、説法を決意したことが、仏教の始まりとなる。この後、梵天は、仏法の守護神としてあがめられるようになる。
釈尊は、まず鹿野苑にいた五比丘のところに行く。五比丘は、「堕落した奴が来た、無視しよう」と示し合せるが、あまりの神々しさに心打たれ、釈尊に法を請い、仏弟子となる。また、長者の息子ヤサも仏弟子となるが、ヤサは在家信者の始まりとなる。一度に多くの者が弟子になったこともあった。三人の迦葉《カーシャパ》兄弟は、火を祀り、呪術で人々を驚かせ千人もの弟子を率《ひき》いていたが、釈尊の真理の力を目の当たりにし、すべての弟子とともに釈尊に帰依した。このようにして、仏教教団が形成されていった。

◆涅槃

仏教教団がいかに大きくなろうとも、釈尊の在り方に変化は無かった。生涯、瞑想と遊行《ゆぎょう》にいそしみ続けた。それは、人生の終わりにおいても変わることがなく、齢八十になった釈尊であったが、アーナンダを伴い、霊鷲山《りょうじゅせん》を出発する。この最後の旅と、釈尊の入滅については、『涅槃経《ねはんぎょう》』という経典が編まれるほどに、大切なエピソードが豊富にある。釈尊は自らの死を自覚していたようで、「自灯明《じとうみょう》 法灯明《ほうとうみょう》」や「師の握り拳」等といった大切な教えも、この最後の旅の中で説かれた。

釈尊は、小さな町クシナガラで最期の時を迎える。釈尊は、瞑想を繰り返し、高い境地に至ったのち、入滅された。地は大きく震動し、雷鳴が鳴り響いた。

ブッダの教えを知るキーワード

奈良 康明

ブッダ（釈尊）の「教えを知る」ということは教えの筋道を知り、教理を知ることである。しかし、ブッダはきわめて実践的な人だった。議論よりは実践、理論よりは現実の生活の中に教えを生かすことを教えた。ブッダの教えとは、そして仏教とは、生きる道だと私は思っている。それだけに「教えを知る」とは理論を理解するだけのことではない。生活の上に教えを実践し、習熟していくプロセスが真に「知る」ということであろう。

だからブッダの教えのキーワードといっても、思想ではなく、あくまでも仏法という真実に即して生きていく指針である。生きるとは私が生きることだから、この設問は「私」が生きるための指針としてのキーワードだということである。「万物無常」というのは第三者的な真実の表現である。しかし、ブッダが言いたかったのは「オレが今無常の現実に出合っているのだ」ということであって、主語は一人称である。私はそう受け止めているし、以下にその意味で、ブッダの説きたかったであろうことを私なりに述べてみたい。

＊　＊

ブッダは紀元前五世紀に北インドで生まれた。小なりとはいえ部族国家の跡継ぎとして生まれているし、恵まれた幼少年時代を送っている。社会のエリートとしての最高の教育も受けている。ブッダが次第に老病死の人生の問題に悩んだことはよく知られているが、問題は老病死をどう悩んだかということである。その悩みにこそブッダの二九歳の出家、六年間の修行、三五歳の時の悟り、そして四五年間の教化生活の内容が関わっている。

ブッダの老病死についての悩みとは何だったのだろうか。私は「思い通りにしたい」自我欲望と「思い通りにならない」現実とのギャップにブッダは悩んだのだと思っている。世の中のことは自分の思い通りにならない（無我）ものであるし、常に変化している（無常）から老病死も必ず我が身に及ぶ。しかし私たちの自我欲望は無常なるものを常とみ、無我なるものを我とみる。それは欲望とは「ナイモノヲネダリ」「カギリナクネダル」ものだからである。いずれも一〇〇％成就することはあり得ないし、欲求不満に陥り、思い通りにならない「苦」を生じている。ちなみに、仏教で「苦」とはインド語でduḥkha《ドゥフカ》、dukkha《ドゥッカ》といい、「思い通りにならないこと」である。

ブッダの六年間にわたる難行・苦行の修行生活も、所詮は自我をひとたびは徹底して潰す修行であったし、それが降魔にほかならない。それが菩提樹下の瞑想による悟りに連なっている。四五年の教化生活を通じてブッダは苦をもたらす原因としての自我欲望の抑制を説きぬいている。仏教は「煩悩論」だなどといわれるのも、こうしたブッダの体験に根ざしているのである。

三法印《さんぼういん》・四法印《しほういん》

「諸行無常《しょぎょうむじょう》、諸法無我《しょほうむが》、涅槃寂静《ねはんじゃくじょう》」を三法印という。法印といい、これに「一切皆苦《いっさいかいく》」を加えて四法印という。法印とは読んで字のごとく、法の旗印という意味で、仏教の教えの中心であることを示している。逆に言えば、これを外れたら仏教ではない、ということになる。ブッダの時代に始まり、部派仏教、大乗仏教、テーラヴァーダ仏教、チベット仏教など、仏教の広まったどの時代、地域でも、仏教である以上、これからはずれることはない。

＊　＊

「諸行無常」といえばすぐに「祇園精舎の鐘の声、諸行無常の響きあり、沙羅双樹《さらそうじゅ》の花の色、盛者必衰《じょうしゃひっすい》の理《ことわり》をあらわす」（『平家物語』）という句が思い出される。

たしかに無常とは生ある者が死し、栄えていたものが滅びゆく変化を嘆く言葉である。インドの原始仏典でも、いのち短く、人生のはかなさを嘆く記述が少なくなく、「詠嘆的無常感」こそが無常を術語として取り上げる最初の動機であったことを窺《うかが》わせている。

詠嘆的無常感を支えるのは、無論、「科学的真実としての無常性」であり、これも仏教最初期から普通に説かれている。

しかし、この二つだけではブッダの説いた無常にはならない。ブッダは侍者和尚のアーナンダにわずかな土を拾わせ、こんな小さな土塊でも無常でないものがあるかと質問する。いいえ、という返事を引き出しておいてから、どんなものも無常だからこそ、我々は修行して苦を乗り越えることができるのだと説いている。詠嘆的無常感と客観的無常性とからは、苦の克服などということは出てこない。

老病死に代表される無常の現実を、私たちは無常なるままに受け止めざるを得ない。なぜならそれは動かし難い現実であるから。こうして今私が無常に出合っている、という事実を自らに自覚しつつ、前向きに生きていくことこそが「無常を生きる」ことであり、苦を乗り越えることに連なる。それは「無常を観る」と言ってもいい。ブッダの説いたのは「実存的無常観」だったのである。

＊＊

「諸法無我」というときの「無我」の原語はサンスクリットでan-ātman、パーリ語でan-attanで、ātman（アートマン）の前に否定辞のa（n）がついた言葉である。アートマンはインド思想において個人存在の本質であり、永遠の実体と考えられている。多くの思想家はその論証と特徴付けに腐心している。しかし、ブッダはアートマンの有無の論争に参加して、「アートマンは無い」（無我）と言ったのではない。実践的な立場で、どんなものも「これが私だ、私のものだ（アートマン）」とは言えない」、つまり「我に非ず」（非我）と説き、我執を捨てよと説いたものである。中村元博士は、原始仏典のほとんどの事例は「我がない」無我ではなく、「我にあらず」（非我）と理解していい、と言われている。

しかし、仏教思想の発展はインド思想の他派からの論難などもあり、次第に「我は無い」と存在論的なアートマンの否定を主張するようになった。この意味では、仏教の無我とは「不変の実体（アートマン）は存在しない」ことである。ちなみに、インド思想の中でアートマンの存在を否定するのはほぼ仏教に限られている。

＊　＊

「涅槃寂静」はブッダの到達した宗教的境涯を示す言葉である。「ナイモノヲネダル」自我欲望を抑制し、無常なるものを常とみ、無我なるものを我とみる根元的愚かさ（無明《むみょう》）を真の智慧に転じたとき、私たちは無常であり無我なる世間の事象をあるがままに素直に受け止めることができる。ここに身心の寂《しず》けさがある。これが涅槃寂静の意味である。

したがって、涅槃寂静とは自我欲望がゼロになった状態ではない。生きている限り欲望そのものがなくなることはあり得ない。涅槃寂静とは私たちを苦に導く欲望のハタラキをしかるべく抑制し、前向きに生きていくことの中に身心の寂けさを得た状態のことであるといっていいであろう。（→四諦の説明参照）

一切皆苦《いっさいかいく》・四苦八苦《しくはっく》

「一切皆苦」も四法印の一つで、同様に仏教の真実だが、意味が少し違っている。

言葉としては一切皆苦とは「すべてのものは苦である」ということである。しかし、違和感を覚える人もいよう。世間には苦もあるが楽もある。それなのに苦のみを取り上げて人生は苦なり、というのはペシミズム（悲観主義・pessimism）ではないか。特に外国人の間にはこうした誤解が少なくない。

ここでいう「苦」とは楽に対する苦ではない。脈絡が違うのである。

私たちの無《む》明《みょう》性（上述したように、私たちに本来的に備わっている根元的愚かさ）は自我欲望と結びついて、無常なるものを無常とは見ずに常なるものと思いなし、無我なるものを無我とは見れずに我であると思い誤る。その結果、思い通りにならない現実は苦として受けとめられ、人生の不安を作り出す。それがすべての人間の本性ではないか、という意味で人生は苦なりというのである。

したがって、例えば財産が儲かって嬉しいという楽も、もっと増やしたいと目を血走らせ、あるいはそれが失われはしないか、と悩む原因となる。その意味での苦であって、楽に相対する苦ではない。「ナイモノヲネダル」ことと「カギリナクネダル」欲望によって我と自ら創り出していく人間の迷いの在りようを一切皆苦といったのである。

この苦を具体的に説明したのが「四苦八苦」である。四苦とは、生・老・病・死をいい、八苦とは、愛別離《あいべつり》苦《く》、怨憎会苦《おんぞうえく》、求不得苦《ぐふとくく》、五陰盛苦《ごおんじょうく》の四を加えて八にしたものである。

四苦はブッダの悩んだ老病死の三苦に、「だからまとめて言うと、生まれることは苦なり」という意味で生が後になって付けられたものである。

残りの四苦は具体的な苦の典型的パターンを述べている。愛別離苦とは愛する者との別離の苦しみ。怨憎会苦は会いたくないものと会わなければならない人生の苦しみ。三番目の「求不得苦」は「苦」の本性を言い当てているもので、「求めても得られない苦しみ」で、ここには上述の欲望の在りようが含意されている。最後の五陰盛苦はマトメの句である。五陰（人間存在）は我執を持って摂すれば苦なり、ということで、人生は苦なりということと同じとみていい。

縁起《えんぎ》

「縁起」とは、「縁《よ》りて起こる」ということで、これも仏教の基本の思想である。

「因縁《いんねん》」といっても同じことで、因とは物事の生じる原因、縁とはその原因が結果をもたらすことを助ける条件（助縁ともいう）である。ある事象（の生滅）が起こるには必ず（複数の）原因と（複数の）条件が合して、それは、今、ここに、こういう形で存在している、というのが縁起の意味である。

しかし、因と縁とは互いに交錯することがあり得るし、仏教の縁起とはすべてのものが相互に関わり合っている現実、関係性の中の存在、を示すものとされている。

しかし、仏教の最初期は因→縁のいわば一方通行の縁起説だった。

それは、「十二縁起」に顕著に示されている。十二縁起とは苦がどのようにして生じるかを十二の項目をあげて定型的に説明したものである。

「比丘《びく》らよ、無明《むみょう》の縁（条件）から行《ぎょう》があり、行の縁から識《しき》があり、――（以下同様に）――名色《みょうしき》、六《ろく》処《しょ》、触《そく》、受《じゅ》、愛《あい》、取《しゅ》、有《う》、生《しょう》があり、生の縁から老《ろう》死《し》、愁悲苦憂悩《しゅうひくうのう》が生ず……このようにこの一切の苦蘊の集起がある」

細かな教理的な説明は省いて、十二縁起の主要な部分のみを取り上げればこういうことになろう。

無明《むみょう》……→愛《あい》→取《しゅ》→有《う》……→老死（＝苦）

その意味は、まず、私には「愛」（根元的な欲望）があり、これは喉の渇きにも似て何かを欲しがる欲求だから「渇愛《かつあい》」などとも言う。これが対象と結びつくことが「取」で、結局この愛と取とが合したものが現代の私たちの欲望である。この欲望が最初の項目の「無明」の中ではたらくとナイモノヲネダリ、カギリナクネダル人生がここに現出する。それが「有」であって、これは「迷いの存在」である。「輪廻内の存在」と訳す学者もいる。決して存在論的な意味での単なる存在ではない。

そして、迷いの存在は「苦」をもたらす、というのが上の十二縁起の核の部分の趣旨である。

ブッダが苦に向かい合って修行していたときには、おそらくこうした道筋を考えられたに違いない。原始仏典にはそれが散説されているし、十二縁起説はブッダのこうした体験を基に後に教理としてまとめられた一種の公式である。

四諦八正道《したいはっしょうどう》

縁起説は欲望をどのように除くかの道筋を示してはいるが、それをどのように実行するかを具体的に示しているのが、「四諦八正道」である。これもブッダの教えの基本であり、仏教の基本と言って良いものである。

四諦とは四つの真実（ないし真理）（諦 satya《サティヤ》, sacca《サッチャ》）のことで、苦《く》・集《じゅう》・滅《めつ》・道《どう》のことをいう。一切皆「苦」という真実があり、その原因（「集」）は欲望であるという第二の真実があり、この原因をなくせば苦もまた「滅」するという第三の真実があり、そのための実践が第四の真実実践としての「道」である。

　注意すべきことは第三の「滅」である。欲望を滅すれば苦もまた滅する、という表現は誤解を招きやすい。欲望をゼロにすることなどあり得ないからである。ここに滅という言葉の原語は、インド語でnirodha《ニローダ》といい、これは、「せきとめる、（水路を）ふさぐ、抑制する」というほどの意味である。つまり、苦の原因である「欲望の滅」とは、自分の欲望を抑制してはたらかせない、ということである。「欲望そのものをゼロにする」ことではなくて、苦を導くものとしての「欲望のはたらきを滅する」ことなのである。

　この欲望を抑制する道を具体的な八の実践項目にひらいたのが八正道である。正見《しょうけん》、正思《しょうし》、正語《しょうご》、正業《しょうごう》、正命《しょうみょう》、正精進《しょうしょうじん》、正念《しょうねん》、正定《しょうじょう》の八である。

　正見とは正しい見解で、縁起、無常、無我などの真実に基づく正しい見方である。正思、正語、正業は正しい思い、言葉、行為である。仏教では行為を身体的行動だけではなく心や口の動きも行為と見なして、身口意《しんくい》の三業などというが、それを正しいものにすることである。そうすれば生活は自ずと正しいものとなろうし（正命）、そのためには正しく努力（正精進）し、正しく生きる念《おも》いを離れず（正念）、正しく禅定を行う、ことをいう。

　八正道は苦を滅した、つまり涅槃にはいった人の結果ないし目的としての生き方なのか、それとも手段として苦を滅するための実践の道なのか、という議論が仏典にはある。しかし、これは理論のための議論というべきであろう。八正道を行じていけば自ずと苦を滅した境涯に至るであろうし、そうなった人の生活は自ずと八正道に契合するであろう。そして八正道とは死ぬまで歩き続ける道にほかならないから手段でもあるし、目的でもある。

中道《ちゅうどう》

ブッダのものの見方は合理的であると同時に洞察に富んでいる。相反する二極があるとき、どれが正しいかはどこから見るかという視座に由るものであろう。ブッダは人生の生き方に関しても同様に「中道」を説いている。

中道とは真ん中ではない。左右の両極端があるとき、その真ん中が中道なら、全体が右に傾けば中道も右に傾き左に向かえば中道も左寄りになる。それは主体性のない姿勢といわざるを得ない。

扇子の要《かなめ》に細工して自由に回る時計の針状のものをつけたと仮定してほしい。その針の下方には錘《おもり》がぶら下がっている。扇子が右に傾けば、針は錘があるから動かず、相対的に左寄りになるであろう。扇子が左寄りになったら針は右寄りになる。

錘が仏教の教えに従って生きようという覚悟（発菩提心）であり、毎日の信仰の生活である。私たちは真実、法に生かされている。生かされていることに心が開け、随順し、（八正道にしたがって）毎日を生きていく。そこに仏教者としての主体的な生き方がある。人により差はあるから、こうした中道はすべての人にとって同じということはない。しかし、両極端の中ごろに各人の主体的な生き方は自ずと集中しよう。

それが中道の生き方である。筆者が感銘を受けた中村元先生の中道についての言葉を紹介して、本稿を閉じることにしたい。

——山を登るに直線的に急坂を登る人もいよう。しかし多くの人は山を巡りながら登るが、そこに自ずから最も登りやすい道ができる。その道も、真ん中を歩く人もいれば、左を歩く人も、そして右を歩く人もいよう。それぞれが自分の道を上りながら、自ずと形成される普遍的な道が中道である——。

仏教徒の信仰のよりどころ“三宝《さんぼう》”

森　章司

仏教徒が仏教徒であることの証《あかし》は、仏・法・僧の三宝に帰依することである。仏とその教えとそれによって幸せになっている人々を拠り所として生きなければ仏教徒と呼ばれるいわれはないからである。

◆三宝帰依《さんぼうきえ》とは

三宝帰依は仏教の歴史の始まりとともにあった。ゴータマ・シッダッタ（釈尊）がブッダガヤーの菩提樹の下で悟りをひらいてブッダになったときに「仏宝」が成立し、ベナレス近郊の鹿野苑《ろくやおん》で初めて法が説かれたときに「法宝」が成立し、これによってアニャコンダンニャ（阿若憍陳《あにゃきょうじん》如《にょ》）をはじめとする五人の弟子たちが悟りを得て、釈尊を含めて六人の集団が形成されたときに「僧宝」が形成された。この三宝は「現前三宝《げんぜんさんぼう》」と呼ばれる。

釈尊は初めのうちは、仏教の修行者になりたい者には直接、「よくきた。私のもとで梵行に励めよ」という形で弟子にされていたが、積極的に諸国に弟子たちを布教に出された以降は、「三宝」に帰依することを宣言させて、弟子たちが自身の弟子をとってよいと定められた。

歴史的には三宝帰依はここに始まるわけであって、これは南方の仏教徒が使っているパーリ語では、

ブッダン　サラナン　ガッチャーミ（仏に帰依したてまつる）

ダンマン　サラナン　ガッチャーミ（法に帰依したてまつる）

サンガン　サラナン　ガッチャーミ（僧に帰依したてまつる）

と三たび唱える。これは現在では全世界の仏教徒の合言葉となっている。

もっともこの後、比丘や比丘尼にはたくさんの戒律が制定されることになって、彼らはこれを守ることを宣言して出家修行者になるという形に改められた。そこで三宝帰依は在家信者や沙弥・沙弥尼などの見習い僧が仏教徒となることの宣言とされることになったが、比丘や比丘尼とて、最初は在家信者として出発するわけであるから、その精神は変わらない。

◆仏《ぶつ》とは

もし仏は釈尊のみで、法は釈尊の説かれた教え、僧はその教えによって聖者となった者たちということになると、この三宝には、大乗仏教で信仰される阿弥陀仏や大日如来とその教え、あるいはそれを奉じる者たちは含まれないのかという疑問が生じる。

しかし実は、釈尊ご自身がそうは考えておられなかったようである。釈尊は過去の仏たちが通られた古い道を通って仏となり、それらの仏たちの教えを自分も説くという自覚を持っておられた。だから、

「諸悪莫作《しょあくまくさ》　衆善奉行《しゅぜんぶぎょう》　自浄其意《じじょうごい》　是諸仏教《ぜしょぶっきょう》」

という句は「七仏通誡偈《しちぶつつうかいげ》」とか「諸仏通誡偈」と呼ばれ、その説いた教えである四諦《したい》は「諸仏最勝の教え」と称される。また釈尊はその発心《ほっしん》の段階において燃灯仏《ねんとうぶつ》という仏から「将来あなたは仏となるだろう」と予言されている。

つまり、釈尊ご自身が帰依すべき仏を持っていたということになる。

◆法《ほう》とは

そういう意味では「法」も「僧」も、釈尊の説かれた教えとそれを奉じる者たちだけを意味するのではない。

たとえば多くの仏伝経典では、釈尊が菩提樹下の近くで禅定《ぜんじょう》の楽しみを味わわれているあいだに、したがって未だ初転法輪《しょてんぽうりん》されない段階で、タプッサとバッリカという二人の商人が仏教に帰依することになったが、この時彼らは「世尊と法」に二帰依したとされている。なかに

は「仏と法と僧に対して三帰依した」とする経典もある。「法」は現実に説かれた教えではなく、実は「仏」を「仏」たらしめているものが「法」であって、だから「法」は「仏」の中に内在しているのである。

◆僧《そう》とは

「僧」はそもそもはサンガというインド語の音写語であって、これは「和合した出家者の集団」を意味する。そこで「僧」とは、仏のいさかいがなく、和合している状態をいうとされる。このように「仏」も「法」も「僧」も一体としてとらえることを「一体三宝」と呼ぶ。

しかし「住持三宝《じゅうじさんぼう》」という考え方もあって、これによれば「仏宝」は金属や木などで作られたり紙や布などに描かれた仏像、「法宝」は紙や布などに書写された経巻、「僧宝」は比丘・比丘尼の出家教団、ということになる。

ブッダの言葉に学ぶ

田中 典彦

ブッダ・釈尊の教えとして実に多くのものがわれわれに伝えられている。その中、『スッタニパータ』（経集）と『ダンマパダ』（法句経）は最も古い経典に属するとされている。いわば、ブッダ自身の教えに最も近しいものである。

そのためか現代でもインドの仏教徒の間ではこの二つの経典が日常的に読まれている。その中身はあるいは修行者のために、またあるいは一般の人のためにすなおな形でストレートに、人として歩むべき道を説き示したもので満たされている。現代の人々にも生き方の指針となるような教えが沢山ある。その幾つかに学んでみよう。

◆偏見と対立をのりこえねば

世間では、人はいろいろな見解の内で勝《すぐ》れているとみなす見解を最上のものであると考えて、その他の見解はつまらないものであると説く。だからそのような人は諸々の論争を超えることはない。

（『スッタニパータ』796）

この句につづいて、人間というものは見たこと、学んだこと、戒律や道徳、思索したことについて自分が同意しているもののみを勝れているものとし、それだけに執着して、それ以外のものをすべてつまらないものであると見なすものである。それは拘《こだわ》りである。世間において決して偏見をかまえてはならない。すでに得た見解や先入見を捨て去ってこそ真実を観ることができるのである

（同797〜800）と説かれる。

これは主としてブッダの当時の思想界の在り方についての述べたものではあるが、ブッダのこれらに対する立場を示したものである。ブッダがその最初の教え（初転法輪《しょてんぽうりん》）において、もともと共に苦行をしてきた五人の修行者に対して、自らの立場を宣言している。

「修行者たちよ、この世の中には二つの極端がある。われわれはそのどちらにも近づいてはならない。その二つとは何か。第一は愛欲に耽《ふけ》ってそれに心を奪われることである。それは愚かで無益なことである。第二は自分で自分を苦しめることである。これもまた無益なことである。また常住論（ものごと特に人間の死後も何らかの不変不滅なものが存続することを認める論）と断滅論（ものごと特に人間の死後に存続するような不変不滅なものはなく、死によって断滅するとする論）である。如来はこの二つの極端を捨てて中《ちゅう》の道を悟った。それはこころの眼を開き、智慧をもたらし、心の平静と完全な悟りの境地に到達させるものである」に通ずるものとして理解できる。

実に皮肉なことではないか。われわれもまた同じである。どの主義を採るか、どの派を支持するか、「いずれが勝っても釈迦の恥」と言われるように、どの宗派が勝れているかだなんて執着以外の何ものでもない。こんなことをしている間は真実、平等は実現すべくもない。

さらに『スッタニパータ』は言う。

ある人々が真理である、真実であると言うところのそのことを、他の人々は虚偽である、虚妄であると言う。このようにかれらは異なった執見を抱いて論争する。何故に同一のことを語らないのであろうか？

真理は一つであって、第二のものは存在しない。その真理を知った人は争うことはない。にもかかわらず、かれらはめいめい異なった真理をほめたたえている。（883〜884）

今自分がよって立っている主義主張、思想的好き嫌い、執着による思い込みなどを一度取りさって、真実と向かい合う姿勢を持つこと（事実を洞察する＝如実知見《にょじつちけん》）によって、本当の自分の生き方を求めよというのである。もっともそのようなものすら持ち合わせていないのが今日のわれわれかも知れないが。

◆一切は虚妄なものである

世間における一切のものは虚妄であると知って貪《むさぼ》りを離れ、瞋《いか》りや憎悪を離れ、迷妄を離れて生きなさい。（『スッタニパータ』8〜13）

なぜなら、

無花果《いちじく》の樹の林の中に花を求めても得られないように、諸々の生存の中に堅固なものを見いだせないように。（同10）

世界はどこも堅実ではない。どの方角でもすべて動揺している。すでに苦しみにとりつかれていないところはない。（同937）

すべてのものは条件によって変化し（無常）、独立した存在性を持たず（無我）、相互に依存しながらあるというのが仏教の基本的な理解である。だから虚妄だと言うのである。われわれが本当に頼れる確実なもの（堅固なもの）は何もないのである。すべてはわれわれが執着することによって作り上げているに過ぎないのである。

だから『ダンマパダ』に言う。

世の中は泡沫《ほうまつ》の如しと観よ。世の中は陽炎のごとしと観よ。（170）

そして、

ものごとは心にもとづき、心を主とし、心によって作り出される。もしも汚れた心で話したり行ったりするならば、罪苦がその人につき従う。車を引く牛の足跡に車輪がつき従うように。

ものごとは心にもとづき、心を主とし、心によって作り出される。もしも清らかな心で話したり行ったりするならば、福楽がその人につき従う。影がその人につき従うように。（同1〜2）

ここにいうものごととは、人間の存在に関係のある物質的、精神的なあらゆるもののことである。そしてこの言葉は自業自得をも教えていることがわかる。行為をなしたその人に苦楽という結果がやってくるというのである（『ダンマパダ』15〜18）。

◆心とは何もの

『ダンマパダ』の心の章に言う。

心は、動揺し、ざわめき、護りがたく、制しがたい。心は、捉えがたく、欲するがままにおもむく。

心は、極めて見がたく、極めて微妙であり、遠くに行き、独り動き、形体なく胸の奥の洞窟にひそんでいる。（33〜37）

心は実に始末が悪い。たとえば池の中に小石を投げ込んだ時のようなものである。ちょっとした悩みや、苦しみや気にかかることが入ってくると、いっぱいに広がってしまってどうしようもない。小石が作った波が池いっぱいに広がるに似る。やっかいな代物《しろもの》ではあるが、その同じ心が安楽をもたらせる。煩悩（欲望）に引きずられて右往左往する心を制し、心が煩悩に汚されることなく、おもいが乱れることのない人には何の恐れもない（同38〜39）。仏教は「すべて悪しきことをなさず、善いことを行い己の心を自ら浄めること（自浄其意《じじょうごい》）」（同183）を旨とするものである。

◆慈しみをもって

一切の生きとし生けるものは、幸せであれ、安穏であれ、安楽であれ。如何なる生きものであっても、怯《おび》えているものでも強剛なものでも、長いものでも、大きなものでも、中くらいのものでも、短いものでも、微細なものでも粗大なものでも、目に見えるものでも、見えないものでも、遠くに住むものでも、近くに住むものでも、すでに生まれたものでも、これから生まれようと欲するものでも、一切の生きとし生きるものは、幸せであれ。（『スッタニパータ』145〜147）

自らの幸せを求める者は、すべてのものに慈《いつく》しみの心を持っていなければならない。このことはこれらの経典の中に多く説かれている。そしてそれはすべての人々の守るべき戒めとしての五戒のなかの不殺生にかかわっている。

> すべてのものは暴力におびえている。すべての生きものにとって生命は愛《いと》おしい。己《おの》が身《み》にひきくらべて殺してはならぬ。殺さしめてはならぬ。
> 生きとし生けるものは幸せを求めている。もしも暴力によって生きものを害するならば、その人は幸せを求めていても幸せにはならない。
> （『ダンマパダ』129～131）

きわめて当たり前のことではありながら、守りきれないのが人間の性《さが》である。すべては欲望によってもたらされていることはいうまでもない。人間もこれらの生けるものと同じであり、またこれらによって生かされている身であることを自覚すべきなのだと教える。そして「足ることを知り、わずかの食物で暮らし、雑務少なく、生活も簡素であり、諸々の感官が静まり、聡明で高ぶることなく、貪ることなく」（『スッタニパータ』144）生きることが勧められる。

◆自己を形成する

過去はもう生きられない。未来はまだ生きられない。われわれは今を生きている。しかし、今の私の在り方は過去の私の在り方と決して無関係では当然ない。仏教では業との関わりで説かれる。業とは行為とその余勢ということである。すなわちわれわれの行為は必ずなんらかの働きをもたらし、つぎの瞬間からの私の在り方に関わる。

私の今の在り方は過去における私の行為に関わってあるのである。このことは縁起思想との関わりで言えば、業のもたらす果としてのはたらきが次の私の在り方の条件（縁）となるということである。前の私の在り方が、後の私の在り方をもたらすのであるから、自己を形成するには「今」をどう生きるかが重要なものとなる。仏教は当然われわれに悟れるものとなることを求める。
『ダンマパダ』は自己の章において、

自己こそ自分の主《あるじ》である。他人がどうして自分の主であり得ようか。自分をよくととのえたならば、まことに得難い主を得る。（160）

もしも人が自己を愛しいものと知るならば、自己をよく守れ。（同157）

と教える。しかし自分に執着せよというのではない。幸せな人生を送り、そして悟りへと自分を形成してゆくのも、苦しみ迷いの人生を送ってゆくのも、すべては自分に任されていることを自覚して生きることをいうのである。したがって、

みずから悪をなすならば、みずから汚れ、みずから悪をなさないならば、みずから浄《きよ》まる。浄いのも汚れているのも、各自のことがらである。（同165）

とにかくこの世を生きることは難しい。

善からぬこと、己のためにならないことはなし易い。ためになること、善いことは、実に極めてなし難い。（同163）

ほんとうにそうである。今の世の中ではますますそう感じる。悪いことをするのに勇気はいらない。善いことをするのに勇気が必要のようである。善をなすことに勇猛であれ！ そして自分の目的を熟知して、自分のつとめに専念せよ（同166）と教えられるのである。

仏教の世界観

岩井 昌悟

◆仏教の世界観の概観

仏教の説き示す世界のありようは、現代日本人の目にはときに神話的で非現実的なものとして映る。仏教の説く世界の形状は、球状すなわち地球ではなく、どちらかといえば円盤状である。細部は諸説あって相互に異なるところもあるが、以下『倶舎論《くしゃろん》』にもとづいて概観してみよう（もっと詳しく知りたいという方は定方晟『インド宇宙論大全』春秋社、二〇一一年を参照されたい）。

下から順に風輪、水輪、金輪という巨大な円柱（「円柱」とはいっても、厚さにくらべて円周がはるかに大きいので、遠方から眺めるなら円盤にしか見えない）が層をなして積み重なる。虚空に浮かぶ巨大な風輪との比率からいえば、水輪と金輪は小さい突起物といった様相である。

金輪の上面が「鉄囲山《てっちせん》」という山脈にふちどられ、お盆のようになっており、そこにたまっている水が大海である。その中央に四角い柱状の須弥山《しゅみせん》（妙高山）がそびえ立つ。その半分は海面下に隠れており、下は金輪の上面に届く。この海面下に隠れている部分と海面上に現れている部分とはそれぞれ立方体である。

その須弥山を七重の山脈が四角く取り囲む。一つ一つの山脈は底の抜けた升《ます》を思い浮かべると形状を理解しやすいかもしれない。外側の山脈ほど、高さが低くなり、厚さが薄くなる。七重の山脈と山脈の間も海になっており、「七山七海」を数える（須弥山と鉄囲山を含めれば「九山」であるし、また次に述べる海を加えれば「八海」になる）。

七山の一番外側の山脈はニミンダラ（尼民達羅）山と呼ばれるが、それと鉄囲山の間にもっとも広大な海が広がり、そこに四つの大きな島（四大洲《しゅう》）がある。須弥山と七山七海を中心にして、その東に半月形のヴィデーハ島（勝身《しょうしん》洲）、南に逆三角形に近い台形であってインド亜大陸の形に似たジャンブ島（贍部《せんぶ》洲）、西に完全な円のゴーダーニーヤ島（牛貨《ごけ》洲）、北に正方形のクル島（倶盧《くる》洲）がある。これらは「島」（洲）とはいっても、大きさからすれば「大陸」と呼ぶ方がよいかもしれない。

これら四大洲にはそれぞれ人間がおり、ある島の人間の顔の輪郭は、その島の形に等しいとされる。つまりゴーダーニーヤ島の住民の顔は丸く、クル島の住民の顔は四角いということである。半月型の輪郭はイメージしがたいし、ジャンブ島に住む我々の顔がそれほどみなそろって顎がとがった輪郭とも思えないけれども。四大洲の他にも八つの中洲があって、四大洲のそれぞれの洲と洲との中間に位置し、それらにも人々が住むという。

須弥山を中心とするこの世界に居住する衆生は人間だけではない。衆生はその生前の業《ごう》にしたがって地獄・畜生・餓鬼・人・天の五道を輪廻する（これに阿修羅を加えた六道輪廻説がよく知られているが、今は『倶舎論』にしたがう）。ちなみに地獄はジャンブ島の地下にある（他の島の地下にも地獄があるか否かは定かではない）。畜生は我々のよく知っている陸・水・空の動物たちである。餓鬼の所在はやはり原則地下であるが、中には人間界に住む者もいる。

残るは天であるが、まず須弥山の頂上に「三十三天」または「忉利天《とうりてん》」と呼ばれる、帝釈天が支配する神々の世界がある。「四大王衆天」（四天王天）はもう少し低いところにおり、それは須弥山の中腹である。三十三天までは、まだ人間と同様に地に足がついている「地居天《じごてん》」であり、その上にもはや地に足がついていない神々「空居天《くうごてん》」がいる。空居天でも、夜摩天、都史多《とした》（兜卒《とそつ》）天、楽変化天《らくへんげてん》、他化自在天《たけじざいてん》までは、まだ地獄・畜生・餓鬼・人間と同様、諸欲にまみれている「欲界」の神々である。

その上は諸欲を離れてはいるが、まだ姿形を有している梵天などの各種の「色界」の神々がおり、その最上が色究竟天《しきくきょうてん》である。さらにその上にもはや姿形をもたない「無色界」の神々がいる。

以上が一つの須弥山を中心とした一須弥山世界の概観であるが、しかしこの須弥山世界は無数にあり、千個の須弥山世界を「小千世界」、千の小千世界を「中千世界」、千の中千世界を「三千大千世界」と呼ぶ。つまり中千世界は百万の須弥山世界、三千大千世界というのは、十億の須弥山世界を指す。

一つの須弥山世界が地球に対応するとすれば、小千世界は太陽系（星の数からいえば全く規模が違うけれども）、中千世界は銀河系、三千大千世界はこの宇宙全体といったところであろうか。三千大千世界も無数に存在すると考えられているので、この我々のいる宇宙の他にも無数の宇宙があることになる。

◆仏教の世界起源神話

仏教は創造神といった概念を否定して本当の意味での「世界のはじめ」といったものを説かず、かわりに世界が生成しては滅びることを繰り返していると考えているのであるが、『世起経』などにおいて世界の生成を語る際に、一種の世界起源神話のようなものを物語る。

世界が滅びるときには、地獄から梵天界までが滅びてしまうが、それでも色界が全部滅んでしまうことはないので、滅んでしまう世界の衆生は、滅びない世界に生まれ変わるが、しかし世界が再び生成されると、彼らは下界へと降りてくる。

はじめは金輪の上に大海があるのみで、大地も太陽も月もない真っ暗な世界に、彼らはふわふわ浮いている。しばらくすると海面をおいしい土が膜のように覆う。彼らがその土をなめて暮らしているうちに太陽と月や星々が生じて夜と昼が、そして季節や年ができる。土を食べていた彼らの体が硬くなり、しかも個体差すなわち美醜が生じる。「私の方が美しい」などといって彼らに高慢が生じるとおいしい土が消えてしまう。

おいしい土が消えるとおいしい苔が、おいしい苔が消えるとおいしいつる草が、おいしいつる草が消えると耕さずして実りしかも脱穀の必要もない稲が生じる。このころ性別が生じて婬法が行われるようになったため、家が作られるようになる。そして、耕さずして実る稲を食事の度に運んでくるのが面倒で、数回分をまとめて運ぶ怠惰な者が現れ、貯蔵が行われるようになると、稲は刈られると生えてこなくなり、しかも籾殻がコメを覆う。

そのため区画を設けて各自が所有する田からの収穫で暮らし始める。そして区画を設けたために、となりの田から盗む者が現れた。彼らは盗人を非難したが、盗人は「わかりました」と言いながら、盗みをやめなかったため、暴力を受ける。こうして盗み、非難、嘘、刑罰が生じた。

裁く者が必要になったため、彼らは一人を選んで王とし、選ばれた彼は「マハーサンマタ」(大衆に選ばれた者)と呼ばれた。これが王族(クシャトリヤ)の起源とされる。これにつづいて分業がなされ、生業によってバラモン、ヴァイシャ、シュードラの区別が生じた。

以上が仏教の説く世界起源神話である。ちなみにこのマハーサンマタが釈尊の先祖であるという。

◆どのように捉えるべきか

仏教が説く、以上のような神話的で非現実的な記述を我々はどのように捉えればよいのであろうか。仏教のこのような側面は、主に西洋世界との接触を通して東洋世界においても宗教と科学が乖離《かいり》し始めた近代になって、仏教の内外から多くの批判をこうむり、さらには躓《つまず》きの石にさえなって、仏教そのものが完全に否定されかねない事態を引き起こした。

今でこそ、宗教と科学が表向き棲み分けに成功しているため、あまり問題にならなくなったけれども、というのも、仏教のこういった側面が強調されなくなり、一般にはほとんど共有されていない知識という枠におさまったからであろうが、仏教を少し詳しく学ぼうとする者にとっては、やはり態度決定を迫られる問題であり続けるであろう。

ひとつには、仏教と科学との一致点をことさら強調する肯定的な態度がある。仏教の世界観がなんとなく現代の科学的宇宙観と対応するといったことを理由に、仏教は他にまさって科学的に正しい宗教だというように、仏教の他の宗教への優位性を示そうとする場合によくとられる。

もうひとつ、仏教のこういった教説は仏説ではないとする否定的見解もよく見られる。釈尊が過《あやま》つことはあってはならないので、我々の見解にそぐわない全てを、仏教を伝えてきた後世の人々の責とするものである。これは実は我々だけが正しいと言っているのと同じで、かなり不遜な態度である。この態度をとる方々は、自分の尺度で、仏説を伸縮させているからである。

科学は新たな発見などによって常に発達してきていることから、常に正しいわけではないことは自明であるし、伝えられてきた経文を我々がいつも正しく理解しているとも限らないということを考えれば、仏教と現代科学との会通は重要課題では全くないはずである。

それよりも、上に述べてきたような教説を決して切り捨てることなく、仏教を全体的に捉えることで、今まで分からなかったことが分かってくるということが重要である。

第三章

キリスト教を、より深く知るために

イエス・キリストという希望の光

光延一郎

◆みどりごイエス

寒く暗い夜のただ中に、永遠の神が黙って、いたいけな裸の赤ん坊の姿で私たちの世界のただ中に入られたこと、それを祝う祭がクリスマスであった。

赤ちゃんのほほえみは、どんな人の心をも明るく照らすだろう。自分の足で立つことすらできない赤ん坊は、力をふるって人を威嚇《いかく》し傷つける権力者たちとは正反対の存在だ。赤ん坊は、そのまま、ただそこにいる。まるで自分がまわりから100%受けいれられることを初めから前提にしているかのように。なんの恐れも心配もなく、単純な信頼でまわりの人々に近づく。それでまわりの大人も、その同じ素朴さ、柔らかさへと解放される。それゆえ赤ん坊は、なにもできないながら、実は大きな力を発揮している。

イエス・キリストが「主《しゅ》」であること、その権威の秘密もまさにここにあるのだろう。みどりごイエスは、身を投げ出して天を仰《あお》ぎ、永遠の神の愛に自分のすべてを任せきることで、閉ざされることない可能性、自由そのものである。このありさまが世界中の子どもたち、また大人たちにも広がって、幼子《おさなご》イエスとともに安心して眠り、ほほえむことのできる社会になることこそが人類の希望であり、光であろう。

◆聖書をつなぐ糸

こうしたイエスの姿には、聖書の全体を貫《つらぬ》く神と人間の在《あ》り方《かた》とそのかかわりが結晶している。
旧約《きゅうやく》聖書が編纂《へんさん》されたのは、ユダの国が大国バビロニアに攻められて、指導者たちの多くが連れ去られた「バビロン捕囚《ほしゅう》」（紀元前五九七年～五三九年）の頃のようだ。ユダヤ人たちはそれ以前、さまざまな口伝伝承《くでんでんしょう》を集めていて、日本の大和朝廷《やまとちょうてい》が国家の権威を高めるために『古事記』や『日本書紀』を編纂したのと同様に、自らの出自《しゅつじ》とアイデンティティを宣《の》べる書物の編纂にとりかかっていた。エジプトやアッシリア、バビロニア、ペルシア、さらに後にはギリシアやローマという大国のはざまで、この小国は常に弱小の悲哀をなめている。しかもこの国の王や支配者は、まわりの大国と同様、経済力や軍事力に頼って自己保存をはかろうとする。「寄らば大樹《たいじゅ》」で大国に妥協し、偽《いつわ》りの繁栄に魂をも売り渡す。自分たちを権威づけるために正史《せいし》を書かせ、宗教儀式を大げさに執《と》り行《おこな》って政治に利用する。それは今の日本と同じだ。

聖母マリアと幼子イエスの画像
（スペイン・13 世紀）

　ところがこの民は、とうとうバビロン捕囚という決定的な破局にいたって、神の働き方の本質に気づく。自らの支配者たちの権威が地に落ちたことにより、正史を書くべき書記たちは自由を得た。そこで、自分たちが信じる神の在りようを歪《ゆが》めることなく、そのまま書き記してできあがったのが旧約聖書であった。
　そこに示される神は、まわりの国の神々とは違う。暴《ぼう》君《くん》のように上に立って人間を支配し、奴隷とする者ではない。むしろ人間たちのもとに自ら降《お》り立ち、励ましながら共に歩む神であった。それは、以下のような言葉に明らかだ。

主は御座《みざ》を高く置きなお、低く下って天と地を御覧《ごらん》になる。
弱い者を塵《ちり》の中から起こし、乏《とぼ》しい者を芥《あくた》の中から
高く上げ
自由な人々の列に、民の自由な人々の列に返してくださる。（詩篇113・5—8）

主は言われた。「わたしは、エジプトにいるわたしの民の苦しみをつぶさに見、追い使う者のゆえに叫ぶ彼らの叫び声を聞き、その痛みを知った。それゆえ、わたしは降《くだ》って行き、彼らを救い出す……わたしは必ずあなたと共にいる」。（出エジプト記3・7—12）

以前からこうした神を語っていたのは、預言者《よげんしゃ》たちだった。紀元前八世紀のアモスやホセア、イザヤとミカ、さらに捕囚期のエレミア、エゼキエルなどの預言者たちは、国の危機にあたって、人間的な思いやわざ、すなわち富や力に頼ろうとする支配層に対して、ただ神にのみ従うという生き方の根本を思い起こさせようとした。バビロン捕囚期という民族の最大の危機の時代にまとめられた旧約聖書には、この精神が息吹《いぶ》かれているのだ。

その時代に編纂されたイザヤ書の後半部分では、捕囚を通して小さく貧しくされたイスラエルの民が「主のしもべ」であることが述べられる。「しもべ」とは、財力や権力によって上から人を支配するのではなく、下から人々に奉仕する者である。こうした者をこそ神は選ばれ、「わたしの愛する者」としていつも共にいることを約束し、「恐れるな」とくりかえし励ます。それが旧約聖書の発見した神である。

あなたは、あなたの神、主の聖なる民である。あなたの神、主は地の面にいるすべての民の中からあなたを選び、御自分の宝の民とされた。主が心引かれてあなたたちを選ばれたのは、あなたたちが他のどの民よりも数が多かったからではない。あなたたちは他のどの民よりも貧弱であった。（申命記《しんめいき》7・6—7）

イスラエルの民が神の「しもべ」に選ばれたのは、強大な力をもっていたからではない。むしろ弱さの中で神

の威力にこそ頼るべきことを学んだ民であるからだというのである。

◆「しもべ」であるイエス・キリスト

そしてイエス・キリストとはまさに、この「しもべ」の姿を受け継ぎ貫徹《かんてつ》した方であった。その姿を最も端的《たんてき》に語るのが次の箇所《かしょ》だろう。

> キリスト・イエスは、神としての在り方にありながら、それにこだわらず、自分を明け渡してしもべの生き方をとられた。……自分を低みに置き、神に従う者となった。それも死を、十字架の死を引き受けるまでに。（フィリピの人々への手紙、２・６―８）

新約《しんやく》聖書の憲法とも呼ばれる「山上の教え」（マタイ福音書5章）において、イエスは「貧しい人」「悲しむ人」「義《ぎ》に飢《う》え渇《かわ》く人」「義のために迫害される人」……は「幸いである」、すなわち「祝福」されていると呼びかける。こうした人々にこそ、その歩みを支え励ます神の力が働くというのである。すなわち、神の力は、小ささと弱さを通して働かれる。神の救いと解放の力とは、絶望しそうになるほどの弱さ、無力さ、しかしそこで神にのみ寄り頼み続ける人々のうちにこそ働くものだというのが聖書に流れる一貫した見通しなのである。

イザヤ預言者は「闇に住む民は光を見た」（９・１）と語ったが、実際、人は暗闇の中を歩んでいるときにこそ、ほんのわずかな光をも察知し、その輝きに希望を託《たく》すものだろう。どん底に立ってこそ、ものははっきりと見える。「光」が「光」として見える。そして人間の浅知恵ではなく、神だけに頼ってそこから立ち上がろうとするときに、神の力が共に働くのである。十字架の上であらゆる人間から見捨てられ、あざけられたイエスが「復活」したことこそが、この神の働きの結論である。復活（アナスタシス）とは、打ちのめされて地面に倒れていた者が、むっくりと「起き上がる」こと。すべてが失われたが、それを喪失と見るのでなく、新たな目で世界を見て、新しい時間を歩み始める機会とすること。そこに神の力が働く。

イスラエルの民は、もともと現世的《げんせてき》であり、神の恵みとは財産や子だくさん、長寿などだと考えていたし、来《らい》世《せ》への期待もなかった。しかし時くだり、紀元前三～二世紀のギリシアの支配下において、「自分たちの宗教のために殉教《じゅんきょう》した義人《ぎじん》たちの犠牲《ぎせい》は報《むく》われないままなのか？」との問いに対して、この民は新たな答えを見出す。すなわち、終わりの時に神は審判《しんぱん》の前に立たせるためにすべての者を呼び出し「復活させる」、死の眠りから「立ち上がらせる」という展望である。最後の審判の後に、神の新しい創造が実現する。こうした見方からイエスの活動をふりかえれば、彼の「神の国・支配」の宣《せん》教《きょう》活動は、終わりの時、神の最終的な審判のときが今こそ始まったとの告知であったし、また彼の「復活」とは、創造の真の成就《じょうじゅ》だということになる。

◆視点の転換（メタノイア＝回心《かいしん》）

水俣病《みなまたびょう》の被害者に寄《よ》り添《そ》い、『苦海浄土《くかいじょうど》』などの著作で日本の近代化がはらんできた人間疎外《そがい》と魂の行方について考えてこられた作家の石牟礼道子《いしむれみちこ》氏は、東日本大震災と原発事故という大惨事を経《へ》ても、それがまったくなかったかのように元に戻ってしまう日本社会の現状について次のように語っておられる。

「まだちょっと絶望が足りないんじゃないか」「絶望が広がって、若い人たちがなにも希望が持てなくなってしまった時に、初めて祈りはじめるんじゃないか」「変わらないですね、この一〇〇年は。最近、俳句をつくりました。毒死列島身悶えしつつ野辺の花」（『週刊金曜日』二〇一二年十一月二日号）

人間のおごりによる偽りの希望にすがるのではなく、絶望においても真の神、イエス・キリストの神に従うこと、物事を見て判断する価値の基準を痛みを伴《ともな》う下からの視点に置くこと、それこそが聖書が呼びかける回心《かいしん》（メタノイア）である。それはマザー・テレサが実践したように、最も小さくされている仲間の中に神のはたらき、苦しんでいるキリストご自身を見て、そのしもべとなって仕《つか》えること。そこで取り戻されるいのちへの信頼と感謝こそが真の希望、光だろう。

イエス・キリストの生涯に学ぶ

森 一弘

◆はじめに

キリストは、紀元前五、六年頃（紀元〇《ゼロ》年ではない）、当時ローマ帝国の支配下にあったユダヤの寒村に生まれ、西暦三十年代に、エルサレムで、ローマから遣《つか》わされていたポンシオ・ピラトの管轄下で、十字架の刑に処せられて、その短い生を終えた。その死後、四つの福音書と弟子たちは、三日目に復活したと証言している。

福音書は、キリストの死後、何十年も経って、信者共同体によってまとめられたものであり、キリストの生涯とその活動を知るための主な情報源である。キリストの生涯を知るための一番手っ取り早い道は、四つの福音書を繙《ひもと》いてみることである。

しかし、そこにキリストの生涯の客観的な史実を求めようとしても、裏切られることになる。と言うのは、福音書は、キリストの生涯を逐一記録した報告書でも歴史書でもなく、キリストに出会い、キリストを自らの人生を照らす光、支えとした人々の視点に立ってまとめられたものだからである。

したがって、歴史的な視点に立って、福音書に記されているキリストの生涯を辿《たど》っていっても、そこに記されていることが、どこまで事実だったのか、疑問が残り続けることになる。史実としての視点からキリストの生涯を確認して行くことの意義を軽視するつもりはないが、それには限界があるということである。

それよりもキリストの生涯にあって重要なものは、キリストが、当時の社会を根底から揺さぶった価値観・世界観である。それは、当時の社会を揺さぶっただけでなく、その後も二千年の時空を超えて、民族・国籍そして老若男女の別なく、実に多くの人々の人生の光となり、今日でも無視し難い影響力を世界に及ぼし続けてきているからである。

私がここで記すキリストの生涯も、人類の歴史に大きな影響力を及ぼすことになった価値観・世界観の視点からのキリストの生涯の歩みである。

◆神理解の大転換と普遍的な価値観・世界観

①聖なる神から罪人の中に飛び込む神

まずは、四つの福音書の中で最初におかれているものは、マタイによる福音書である。マタイが、キリストの生涯の物語を、アブラハムから始まる系図で始めていることに、読者の注意を促《うなが》したい。

その系図とは、アブラハム（紀元前一八〇〇年頃の人物、イスラエル民族の太祖と言われている）からキリストに至るまでの系図である。それは、日本の読者には無味乾燥以外の何ものでもないが、そこには当時の人々に共有されていた神理解を根底から揺さぶる大胆な神理解が吹き込まれている。

その系図の中に五人の女性の名が記されている。それは、男性を中心とした世界にあって、それだけで珍しいことなのだが、その内、四人が、ユダヤ社会では断罪されてしまう罪人であったり、嫌われる異邦人であったりするのである。

その罪とは、具体的には、近親相姦、姦通、殺人などである。系図の中に、マタイが敢《あ》えて罪に関わる女性たちや異邦人をわざわざ加えたということは、キリストが罪人の血につながっていることを強調するものである。それは、神は聖なる存在で、罪人を嫌うという神理解が浸透していた当時の社会にあっては、挑戦的なことだったはずである。

さらにマタイは、その一章で、キリストの呼び名に触れ、次のように記す。

「その名は、『インマヌエル』と呼ばれる。『神は我々とともにおられる』という意味である」（マタイ1―23）

「人々とともにいる神」、それもまた、革新的な神理解である。当時のユダヤ社会の人々が思い描いていた神は、天地万物を創造した力に満ちた超越者で、万物の主宰者であり、倫理・道徳の究極の基準である。そんな神が、人々とともにあろうとするのである。キリストがもたらす神のイメージは、それまでの畏れ多い神のイメージを覆《くつがえ》していったのである。

② 超越した神から人間の労苦と重荷を背負う神

マタイは、さらに章を追って、神理解を深め、神が人々の重荷と労苦を、自ら進んで背負おうとする神であることを明らかにしてゆく。

「彼は、私たちの患《わずら》いを負い、私たちの病を担《にな》った」（マタイ8―17）

「労苦する者、重荷を負うものは、みな私のもとに来なさい」（マタイ11―28）

この世界の現実は過酷である。逆に人は弱く脆《もろ》い。労苦と重荷は、人の生涯に常にともなうものである。それを背負うとする神は、迷い、躓《つまず》き、倒れ、もがき苦しむ人々にとっての希望になっていく。

さらにキリストは、「私が来たのは、義人を招くためではなく罪人を招くために来た」（マタイ9―13）と明言する。それは、罪人たちと会食することを非難する律法学者たちに向かってキリストが発した言葉である。それは、律法学者たちにとっては、キリストに対する敵愾心《てきがいしん》を煽《あお》るもの以外の何ものでもなかったが、罪人たちには、安心感を与えるものである。

実に、キリストが示した神の姿は、人間と神との間にあった隔たりを取り払ってしまったのである。

イエス・キリスト（ルーベンス画）

③ 神と人との間の、命のつながり

さらにキリストは、神と人間とが、親と子の間にあるような、命のつながりで結ばれていることを、いくつかのたとえ話で明らかにしていく。その一つが、ルカ福音書の15章の良き羊飼いのたとえ話である。そのたとえ話からは、清く正しく生きる者が神に受入れられ、悪人は拒まれるという論理が、消えて行く。

そのたとえ話の主人公は、百匹の羊の群れから迷い離れてしまった一匹の羊について心配し、九十九匹を野原において探しに行き、見つけたときには喜び、肩に担いで群れの所に戻ってゆく羊飼いである。そのたとえ話をもってキリストが示そうとしたものは、迷い過《あやま》ちを犯す人間の姿に心をいため、見捨てずに、諦めず、最後まで探し続けようとする神の、人間に対する優しさである。

その後に放蕩《ほうとう》息子のたとえ話が続く。その主人公は、家を飛び出し、放蕩に身を持ち崩し、社会の冷酷さを知って、父のもとに戻ってくる次男である。そこで強調されるものは、息子が戻ってきたとき、怒るでもなく懲《こ》らしめるでもなく、無条件に戻ってきたことを喜び、受け入れる父の姿である。そこで示されるものは、人間の罪に対して怒り、罰を与えようとする旧約の世界の神とは百八十度異なる神の姿である。

④ 人間の一人ひとりの掛け替えのなさ、絶対的尊厳

さらに注目すべきことは、人間一人ひとりが尊く、掛け替えのない存在であるという視点に立って、差別が肯定されていた当時の社会と向き合おうとするキリストの姿勢である。それは福音書の随所に確認することが出来る。

弟子たちには、「小さな者の一人を躓《つまず》かせる者は、大きな石臼《いしうす》を首に懸けられて深い海に沈められる方がましである」と諭《さと》し、安息日という掟《おきて》にこだわり、病人を癒すことに否定的な律法学者たちを前にしてキリストは敢えて、病人を癒してしまう。

こうしたキリストの姿勢は、強者が歴史をつくり、弱者は底辺に追いやられ、砂粒のように踏みつぶされていく時代にあっては、画期的なものである。

◆むすび

当時の社会の権力者たちや宗教者たちにとっては、キリストのメッセージは危険極まりない思想であり世界観であった。キリストが抹殺されて行った根本的な理由は、そこにあったのである。

しかし、それは、時代や民族の枠を超えた普遍性をもち、現実世界の荒々しさに傷つけられ、不安にかられる多くの人々の心を惹き寄せ、その人生を支え励ます光と力になってきたのである。

キリスト教の教えの核心

岩島 忠彦

◆教えの中心

神を愛し、人を愛する。この二つのことがらに徹して生きる——これがキリスト教の信仰ではなかろうか。

神を愛するということは、ある人にとって分かりにくいかもしれない。神さまを尊び敬う、そのみ旨《むね》にかなうように生きると言い直してもいいだろう。神さまのみ旨は、すべて人である限りの人を愛することに尽《つ》きる。そこで信じる者は、神と同じ思いをもって他者と接する。かくして人を愛することによって、神を愛することになる。この道に徹すると、人は小さな自我から解放される。いわば神への愛と人への愛の両側に自我は吸収されてしまう。

自我から解放されるということは、真の自己に到達するということでもある。そこで人はより自主性をもって、自由な心で、自分の人生を力強く生きていくことができる。

◆イエス・キリストの道

このことを教えたのが、イエス・キリストである。彼はイスラエルの片隅《かたすみ》ナザレで、三十年ほどを過ごした。彼は父ヨセフの仕事を受け継ぎ、若い頃から大工の仕事に従事していたと思われる。しかしその時代のイエスについて特筆すべきことはなく、まわりのユダヤ人たちの生活に溶け込んだ日々を送っていたものと思われる。

イエスが「神の福音《ふくいん》」（マルコ1・14）を告《つ》げたのは、

最後の三年間ほどと思われる。

イエスは神を「私の父」と呼び、神に向かって親しみを持って「アバ」（ヘブル語で「パパ」の意）との言葉をもって祈った。彼はまわりの人々に、

「あなたがたも神さまを父としなさい」（マタイ23・8参照）

と教えた。彼が父とする神は、ひとえに人を尊び愛し、ゆるす神であった。この神へ帰依《きえ》し、神と同じ思いで生きること、これが彼が求めた「悔《く》い改《あらた》め」であった。神と同じ思いで生きるということは、まわりの人々を徹底的に大切にし、ゆるし愛するということに外ならない。

イエスは時として超人的力を発揮して病んだ人々を癒《い》やした。また、社会の枠組《わくぐ》みからはね飛ばされたようなどん底にある人々、あるいは周囲から罪人と見なされていた娼婦《しょうふ》や徴税人《ちょうぜいにん》といった人々と親しく交わった。

他方、当時の宗教的指導者（「律法学者やファリサイ人」）、経済的に人々を搾取《さくしゅ》する側《がわ》にあった人（「長老たち」）、さらにはエルサレムで中央の政治と神殿礼拝《しんでんれいはい》を司《つかさど》る「大祭司《だいさいし》」や「サドカイ人」といった指導者層の人々とは、対決姿勢を取った。こうしたことのほとんど必然の結果のようにして、イエスは中央官憲《かんけん》の手で捕らえられ、裁判を経《へ》て十字架刑に処せられた。

イエスは自己の説いた福音内容を、己が身をもって最後まで証《あかし》したのである。

イエスは生前から多くの弟子を身辺に持っていたようだが、その中でもペトロをはじめとする十二弟子は、イエスと最後まで行動を共にした人たちであった。

彼らはキリストの復活の証人となった。キリストが死線を越えて生き、神と共にあり、かつまた信仰者と共に留《とど》まっていることを疑念の余地のない明確さで知ったのである。これを初期教会は、（キリストが）「復活したこと、ケファ（＝ペトロ）に現れ、その後十二人に現れたこと」（Iコリント15・4―5）と宣言している。聖書によれば彼らのみならず、生前から関わりのあった婦人たち、他の使徒《しと》たちなど多くの人々に「出現」し、パウロにも現れた。

◆神の子キリストへの信仰

ここにおいてイエスは元来《がんらい》、神に属する方であることを、彼らは確信した。するとすべてのことは、より大き

なスケールでの出来事であることになる。新約《しんやく》聖書はこのキリスト信仰を証している。四つの福音書はすべて、イエス・キリストを神の子として、この地上で父のみ旨を行った方として描いている。とくにヨハネ福音書は次のように言う。

「初めに言《ことば》があった。言は神と共にあった。言は神であった。この言は、初めに神と共にあった」（ヨハネ1・1―2）

ヨハネはキリストを「神の言」ととらえ、永遠の神の秩序に置いている。そして、

「言は肉となって、わたしたちの間に宿られた。わたしたちはその栄光を見た。それは父の独り子としての栄光であって、恵《めぐ》みと真理とに満ちていた」（同1・14）

とし、この「父の独り子」がこの世に遣《つか》わされ、神の真実と愛を示したとする。

パウロも言う。

「時が満ちると、神は、その御子《みこ》を女から……生まれた者としてお遣わしになりました」（ガラテア4・4）

と。何のために？　パウロは、

「それは、……わたしたちを神の子となさるためでした」（同4・5）

と続けている。キリストは本来の意味で神の子であった。しかし彼の父である神は、御子をこの世に遣わすことをもって、他の人々をもご自分との一致に招かれたというのである。

このような新約聖書の言明《げんめい》は、古代の教義でより明確に規定された。ニカイア公会議《こうかいぎ》（三二五年）は、イエス・キリストは「父と同一本質のものである」とした。第一コンスタンティノポリス公会議（三八一年）は、神を父と子と聖霊の三位一体の神とした。カルケドン公会議（四五一年）は、キリストについて、

「同じかたが神性において完全であり、この同じかたが人間性において完全である。同じかたが真の神であり、同時に理性的霊魂と肉体からなる真の人間である。同じかたが神性において父と同一本質のものであるとともに、人間性において我々と同一本質のものである。『罪のほかはすべてにおいて我々と同じである』。神性においては、この世の前に父

から生まれたが、この同じかたが、人間性においては終わりの時代に、我々のため、我々の救いのために、神の母、処女マリアから生まれた」

とした。これらの公会議の宣言はキリスト教信仰の規範となるものである。

キリスト教はかくして、イエス・キリストにおいて起こったことを、神の「啓示《けいじ》」、それも「自己啓示」の出来事と呼ぶようになった。つまり神がどのような方であるかを、ありのままにキリストにおいて示されたのである。

「わたし（キリスト）を見た者は、父を見たのだ」（ヨハネ14・9）

では、父はどのような方か？ 「神は愛」（Ⅰヨハネ4・8）である。「神は、その独り子をお与えになったほどに、世を愛された」（ヨハネ3・16）のである。

以上のように、キリスト教はその出来事を基本的に神からのアクションとしてとらえている。もちろんそれは他に類例《るいれい》を見ない神の最終決定的行為である。

「真の神」としてキリストを見るとき、神がどのような方であるかを知る。「真の人間」としてキリストを見るとき、人が本来神に向かう存在であることを知る。いわばイエス・キリストにおいて、神と人とが出会っているのである。このキリストの存在意義は創造から終末までをカバーし、すべての人におよぶ。キリストはすべての人間、否《いな》、人間のみならず世界全体にとって最終的基準である。

◆教会の使命、キリスト者の使命

そこでキリスト教は歴史を通して、各時代にキリストを運び提示する務《つと》めを帯《お》びている。パウロが「キリストの体《からだ》」と呼ぶ教会においてである。教会成員はキリストに結ばれ、それぞれがキリストの延長として、神の業《わざ》・キリストの業を受け継ぎ、まわりへと証していく。

最後の公会議、第二バチカン公会議（一九六二～六五年）は、

「教会はキリストにおけるいわば秘跡《ひせき》、すなわち神との親密な交《まじ》わりと全人類一致のしるしであり道具である」（『教会憲章』1項）

としている。つまり、すべての人は神への愛・人への愛へと召《め》されている――教会はこのことを、どの時代にも

どのような場にも告げ知らせる責務を負《お》っていると言うのである。

それだけではない。このキリストの福音の現実は、教会の範囲を超えて実質的にはより広い世界の中ですでに実現しているというのである（同16項参照）。だから「道具」のみならず「しるし」という言葉を使っている。（神の霊は）「全世界に満ちている」（『現代世界憲章』11項）からである。

キリスト者は、このような信念を持って今の世を誠実に生き、死後、神の御許《みもと》において自分が愛した人々と共に永遠の命を享受《きょうじゅ》すると信じている。

ヨハネはその福音書の最後に次のように語っている。

「これらのことが書かれたのは、あなたがたが、イエスは神の子キリストであると信じるためであり、また、信じてイエスの名により命を受けるためである」（20・31）

キリスト者が目指すもの

白浜　満

◆はじめに

「キリスト者は何を目指して生きているのか」という根本的な問いかけに対して筆者は、一方では十分に答えられない無力さを感じており、読者の皆さんに申し訳ない気持ちがある。

しかし他方では、キリスト者として自分が「何を目指して生きているのか」を素朴に表現してみたい、という思いもある。ただ、それがわたしの個人的な思想にならないように、と祈りながら筆を執ってみたい。

そのためにも、新約聖書の「ヨハネの手紙（一）」第4章7節～9節の言葉を紹介し、これに基づいてまとめてみよう。イエス・キリストには十二人の直弟子がいたが、その中でも一番若く、イエスに愛されていた弟子が、このヨハネであると言われている。

「愛する者たち、互いに愛し合いましょう。愛は神から出るもので、愛する者は皆、神から生まれ、神を知っているからです。愛することのない者は神を知りません。神は愛だからです。神は、独り子を世にお遣《つか》わしになりました。その方によって、わたしたちが生きるようになるためです。ここに、神の愛がわたしたちのうちに示されました」（1ヨハネ4・7―9）。

この聖書の言葉（ヨハネの手紙）の中に、キリスト者が目指していることを理解するためのキーポイントとなる、幾つかの命題が含まれている。

　その中から、
　①「神は愛である」
　②「神は独り子を世にお遣わしになった」
　③「わたしたちが生きるようになるため」
　④「互いに愛し合いましょう」
という四つの命題を取り上げ、説明の道しるべとしたい。

◆神は愛である

　手紙の著者であるヨハネが「神は愛である」と教えているように、「愛」こそキリスト者が信じている神の本質的な特徴である。ところで、「愛する」という行為が成り立つそこには、「愛する者」と「愛される者」の相互関係が想定される。これをヨハネは「神」と「独り子」という言葉で表現している。

　キリスト教では、この相互関係が「父」と「子」というパーソナリティ（ラテン語で「ペルソナ」、以下、ペルソナ）をもつ呼称で示されている。この神の愛は、「父」と「子」の二つのペルソナ間のみの相互的な愛にとどまらず、開放的な愛・歓迎的な愛（アガペー）として、もう一つのペルソナを生み出した。「父」と「子」の相互愛から発出する「聖霊《せいれい》」も、「父」と「子」に等しい三つ目のペルソナと理解されている。こうしてキリスト教で信仰の対象とされている神は、父と子と聖霊という三つのペルソナが完全な愛によって一である「三位一体《さんみいったい》」である。

　わたしたち一人ひとりの人間も、三位一体の愛に生かされ、また互いに愛し合うことによって、真の幸福を味わうことができるペルソナ（人格）をもつ者として神から創造されたと教えられている。そのために、キリスト教によれば、人間の生の目的は、三位一体の愛の交わりに迎え入れられることである。

◆神は独り子を世にお遣わしになった

　しかし、聖書（創世記1〜3章）を紐解くと分かるように、人間は排他的な愛（エゴイズム）に陥り、この神の愛（アガペー）から離れてしまい、不幸になってしまった。そして聖書には、神の愛に背く行為を繰り返す人間の歴史と、絶えず御自分のもとに立ち返るよう働きかけてきた神による救いの歴史が、同時に織りなされている。

人間の歴史における神の愛の働きかけは、独り子を世に遣わすという事実によって頂点に達する（ヘブライ1・1参照）。およそ二千年以上前に、聖霊の働きによって、マリアから生まれたイエス・キリストこそ、神が遣わされた独り子であるとキリスト者は信じている。「クリスマス」（降誕祭）は、この救い主イエス・キリストの降誕を祝う日である。

◆わたしたちが生きるようになるため

救い主イエス・キリストは、神の愛に立ち返るよう、人々に回心《かいしん》を呼びかけ、わたしたちが生きるよう教え導いてくださった。また、最後の晩さんの席では、「わたしがあなたがたを愛したように、互いに愛し合いなさい。これがわたしの掟《おきて》である。友のために自分のいのちを捨てること、これ以上に大きな愛はない」（ヨハネ15・12―13）と仰《おお》せになって、新しい愛の掟を残された。

そして、イエス・キリストは、わたしたちに神の愛（アガペー）を示すために、また、人類のすべての罪のゆるしを願うために、自ら進んでこの愛の掟を実行し、十字架にかかって御自分のいのちをおささげになった。その後、墓に葬られたイエス・キリストは、三日目に復活して、新しいいのちの状態へと過越（移行）され、永遠に生きる方となられたのである。

この祝いが「イースター」（復活祭）である。こうしてわたしたちと同じ人間となられたキリストは、御自分を遣わされた父のもとに戻られ、すべての人間がその後に続いて復活のいのち（永遠のいのち）へと過ぎ越すことができるよう、父とともに聖霊を派遣して、わたしたち一人ひとりを絶えず招いておられる。

この復活のいのちへの過越を、たとえを用いて示すとすれば、モンシロチョウのいのちの状態の変化に当てはめることができるかもしれない。すなわち、卵、幼虫、さなぎ、成虫（蝶）という過程を経て、同じいのちがその状態を変化させながら、最高のいのちの輝きに到達するのである。わたしたち人間も、胎児、地上でのいのち、死、そして、死後の復活のいのちへと過越していく。キリストは、自らの復活によって、死後に神とともに生きて、人間のいのちが最高に輝く永遠《とき》があることを教えてくださったのである。

◆互いに愛し合いましょう

人間のいのちに対する神の計画を告げ知らせ、そこに向けて人々を招くために、キリストは弟子たちを選んでその信仰を育《はぐく》み、聖霊によって強めて、全世界に向けて派遣された（マルコ16・15参照）。

こうして、三位一体の愛の交わりに迎えられる道が、イエス・キリストによって、人類のために開かれたのである。そして、このキリストの道に入り、その教えに従って生きることを望む人々に、教会共同体は「父と子と聖霊の名による洗礼」（マタイ28・19）を授けてきた。

この洗礼の際に、キリストが洗礼を受けたときのように、聖霊がその人にも注がれるとキリスト者は信じている。この洗礼の道が行き着くところは、復活によって三位一体の愛の交わりに入ること、すなわち永遠のいのちに迎え入れられることである。

ヨハネはその手紙の中で、次のように教えている。

「神は愛です。愛にとどまる人は、神の内にとどまり、神もその人の内にとどまってくださいます。…わたしたちが愛するのは、神がまずわたしたちを愛してくださったからです。『神を愛している』と言いながら兄弟を憎む者がいれば、それは偽り者です。

目に見える兄弟を愛さない者は、目に見えない神を愛することができません。神を愛する人は、兄弟をも愛すべきです。これが、神から受けた掟です」（1ヨハネ手紙4・16―21）

キリストは一人ひとりの信者が洗礼によって受けた聖霊に導かれて、神を愛すること、また隣人を自分のように愛することを願っている。

イエスは言われた。「『心を尽くし、精神を尽くし、思いを尽くして、あなたの神である主を愛しなさい』これが最も重要な第一の掟である。第二もこれと同じように重要である。『隣人を自分のように愛しなさい』」（マタイ22・37―39）

◆結びに代えて

現実の世界の中で、わたしたち人間はいろいろな不幸を目にしながらも、すべての人が幸せであるように願っている。キリスト教では、このすべての人の幸せは、人間が互いに愛し合うことを通して、愛の源である三位一体の交わりに迎えられることによって充足されると考えている。そして、この神との交わりは、この地上でのいのちに始まり、死後の復活によって完成されると教えている。そのために、キリストは、人々が洗礼を通して聖霊を受け、この聖霊に導かれて、愛の掟を生きる道を歩み続けるように諭されているのである。

声に出して読みたい聖書の名言

竹内修一

◆休ませてあげよう

疲れた者、重荷《おもに》を負《お》う者は、だれでもわたしのもとに来なさい。休ませてあげよう。わたしは柔和《にゅうわ》で謙遜《けんそん》な者だから、わたしの軛《くびき》を負い、わたしに学びなさい。そうすれば、あなたがたは安らぎを得られる。（マタイ11・28―29）

「休むこと」――それは、神から私たちへの大切なメッセージである。私たちの生きる目的は、「魂に安らぎを得ること」（エレミア6・16参照）にこそあり、「魂をすり減らすこと」にはない。安らぎへの招き―それは、イエスをとおして語られた神の約束にほかならない。

私たちは、思い悩んだからといって、自らの寿命を延ばすことはできない（マタイ6・27参照）。むしろ大切なのは、すべてのものにいのちを与える方に心を向け、その方に子供のような心で全幅《ぜんぷく》の信頼を置くことである。それによって、私たちは、真の安らぎに与《あず》かることができる。そのとき、私たちは、自らと人とを受け入れ、感謝と喜びのうちに、いのちを整《ととの》えることができるだろう。

◆最も重要な掟《おきて》

「先生、律法《りっぽう》の中で、どの掟が最も重要でしょうか」。イエスは言われた。「『心を尽《つ》くし、精神を尽くし、思いを尽くして、あなたの神である主《しゅ》を愛しなさい』。これが最も重要な第一の掟である。第二も、これと同じように重要である。『隣人《りんじん》を自分のように愛しなさい』。律法全体と預言者《よげんしゃ》は、この二つの掟に基《もと》づいている」
（マタイ22・36―40）

「神への愛」と「隣人への愛」――これらは、端的《たんてき》に同じものではない。しかし、同時にまた、分かつこともできない。なぜなら、前者は後者の根拠であり、後者は前者の具体的な現れだからである。

このように、愛は、常に普遍的《ふへんてき》であると同時に具体的である。すなわち、愛は、〝いのちそのもの〟としてすべてのものにいのちを与え、一つひとつの行為において形を取る。

◆人間の弱さ

感覚的な目では見ることのできない神。しかし、私たちは、自分の相対する具体的な人との関係において、その神を体験する。それゆえ、問われるべきは、その関係の中に〝いのちそのもの〟の働きを観《み》ることである。

主は、「わたしの恵《めぐ》みはあなたに十分である。力は弱さの中でこそ十分に発揮されるのだ」と言われました。だから、キリストの力がわたしの内に宿るように、むしろ大いに喜んで自分の弱さを誇りましょう。……なぜなら、わたしは弱いときにこそ強いからです。
（2コリント12・9―10）

いのちの対極にあるもの――それが、罪にほかならない。この場合の罪とは、しかし、具体的な個々の過《あやま》ちではなく、むしろ、そのようなことをしてしまう人間の心の状態《ありかた》を意味する。例えば、パウロは、次のように語る――「わたしは自分の望む善は行わず、望まない悪を行っている。もし、わたしが望まないことをしているとすれば、それをしているのは、もはやわたしではなく、わたしの中に住んでいる罪なのです」（ロマ7・19―20）。

人間の弱さ――それは直《ただ》ちに罪ではない。パウロによれば、弱さにおいてこそ、神の恵みは注《そそ》がれる。さらに彼は、次のように語る――「罪が増したところには、恵みはなおいっそう満ちあふれました」（ロマ5・20）。

◆新しい掟

あなたがたに新しい掟を与える。互いに愛し合いなさい。わたしがあなたがたを愛したように、あなたがたも互いに愛し合いなさい。
（ヨハネ13・34）

最後の晩餐《ばんさん》の席で、イエスは、身をかがめて弟子たちの足を洗った。人の足を洗うという行為は、当時、奴隷の仕事とされていた。イエスが身をもって示されたこと――それは、謙《へりくだ》ることの意味と人に仕《つか》えることの大切さにほかならない。

その後で、イエスは語る――「互いに愛し合いなさい」。これは、いわばイエスの遺言であり、同時にまた、父と子と聖霊《せいれい》の交《まじ》わりへの招きでもある。なぜなら、「神は愛」（1ヨハネ4・8）だからである。

愛は、決して抽象的《ちゅうしょうてき》なものではない。むしろ、必ず具体的な行為によって体現《たいげん》されるべきものである。また、一人ひとりの多様性《たようせい》を大切にしながらも、すべての人を一つにする。

〝仕え合う〟ことと〝愛し合う〟こと――これらは、本来、一つのことであり、またそうあるべきことである。互いに仕え合うことによって、私たちは、真の仕合《しあわ》せへと招かれる。

◆愛を身に着《つ》ける

あなたがたは神に選ばれ、聖なる者とされ、愛されているのですから、憐《あわ》れみの心、慈《じ》愛《あい》、謙遜《けんそん》、柔和《にゅうわ》、寛容《かんよう》を身に着けなさい。互いに忍《しの》び合い、責めるべきことがあっても、赦《ゆる》し合いなさい。主があなたがたを赦してくださったように、あなたがたも同じようにしなさい。これらすべてに加えて、愛を身に着けなさい。愛は、すべてを完成させるきずなです。
（コロサイ3・12―14）

どんな人にも、弱さや欠点はある。つまり、どこにも完璧な人はいないのである。「人間は、なぜ不完全なのだろう」――この問い掛けの意味するところは、深くて広い。私たちにとって大切なこと――それは、お互いの弱さや欠点を指摘するのではなく、むしろ、それらを赦し合い受《う》け容《い》れあうことにこそあるだろう。

自分の生活の基は、どこにあるのだろう。それがより確かなものであればあるほど、私たちは、平和のうちに生きて行ける。もし、〝いのちそのもの〟に、生活の基を見出すなら、きっと私たちは、感謝と喜びのうちに生きて行けるであろう。

◆洗礼《せんれい》

わたしたちは洗礼によってキリストと共に葬《ほうむ》られ、その死にあずかるものとなりました。
それは、キリストが御父《おんちち》の栄光によって死者の中から復活させられたように、わたしたちも新しい命に生きるためなのです。
（ロマ6・4）

洗礼とは、もともと、「水に浸《ひた》すことや洗い清めること」を意味する。水に浸すことはキリストの死と葬りを表し、水から出ることはキリストと一致して復活することを意味する。換言《かんげん》すれば、それは、罪から解放されて、真のいのちへと生きることにほかならない。

洗礼によって、人は、聖霊を注がれ、キリストに結ばれ、教会の一員となる。

聖書には、〝イエス・キリストの名による洗礼〟という表現が散見《さんけん》されるが、後には、〝父と子と聖霊の名による洗礼〟といわれるようになる。いずれにしても、洗礼は、キリストに属する者となることを意味する。

洗礼は、また、カトリック教会における七つの秘跡《ひせき》（洗礼、堅信《けんしん》、聖体《せいたい》、ゆるしの秘跡、病者の塗油《とゆ》、叙階《じょかい》、結婚）の中で、その第一の位置を占《し》める。

◆主の晩餐《ばんさん》

主イエスは、引き渡される夜、パンを取り、感謝の祈りをささげてそれを裂《さ》き、「これは、あなたがたのためのわたしの体である。わたしの記念としてこのように行いなさい」と言われました。また、食事の後で、杯《さかずき》も同じようにして、「この杯は、わたしの血によって立てられる新しい契約である。飲む度《たび》に、わたしの記念としてこのように行いなさ

い」と言われました。（1コリント11・23―25）

この世を去るとき、イエスは、弟子たちとの食事を切《せつ》に願った。いわゆる、それが最後の晩餐である。これから後、自分は、今のような姿では存在しないが、パンとぶどう酒の中に確かに現存し、あなた方に絶《た》えずいのちを与える、と約束された。これは新たな契約であり、今もなお、ミサという最も大切な共同体の祈りとして受け継がれている。

「わたしがいのちのパンである」（ヨハネ6・35）――と、イエスは語る。それを食することによって、私たちは、キリストと完全に一致し、真のいのちに与かるだろう。

◆復活

わたしが天から降《くだ》って来たのは、自分の意志を行うためではなく、わたしをお遣《つか》わしになった方の御心《みこころ》を行うためである。わたしをお遣わしになった方の御心とは、わたしに与えてくださった人を一人も失わないで、終わりの日に復活させることである。わたしの父の御心は、子を見て信じる者が皆《みな》永遠の命を得ることであり、わたしがその人を終わりの日に復活させることだからである。

（ヨハネ6・38―40）

死は、一つの別れである。その意味で、死は、確かに私たちにとって悲しい出来事である。しかし、それによってその前後がまったく断絶《だんぜつ》されてしまう、というわけではない。むしろ、死は、いのちのある種の質的《しつてき》な転換点といえるだろう。

信じる者にとって、死は、滅《ほろ》びではなく、新たないのちへの門である。つまり、この世での死は、いのちの終焉《しゅうえん》ではなく、一つの通過点に過ぎない。

イエスは、そのことを、自らの受難《じゅなん》・死・復活という一連の出来事によって示された。その彼が、語る――「わたしは復活であり、いのちである。わたしを信じる者は、死んでも生きる」（ヨハネ11・25）。

キリスト教　豆辞典

鶴岡 賀雄

イエスと神の関係

イエスは紀元一世紀のパレスティナに実在した人物で、西暦（元来はキリスト教暦）三〇年ころに処刑されたとされる。このイエスが「キリスト」、つまりすべての人間を救う救世主（メシア）だと信ずることがキリスト教の核心である。

イエスは私たちと同じ人間だったが、同時に「神のひとり子」でもあった。この「神の子」がすべての人の罪を担い、人間としての苦しみを身に受けて十字架に架かって死んだことで、人々の罪が赦《ゆる》されたとされるのである。

「神の子」キリストは「子なる神」でもある。つまりイエスとは「人となった神」である。キリスト教の神は人となる神であり、これを神の「受肉」（「託身」）と言う。天地を創造し、永遠に存在する神が、歴史上のある時点でひとりの人間となり、死んだ、そして復活した。これは合理的理解を超えており、キリスト教の「秘義《ミステリー》・奥義」ともされる。

三《さん》位《み》一体《いったい》とは

イエス・キリストが「神の子」・「子なる神」であるなら、自らのひとり子を人として地上に下した神は「父なる神」である。両者はともに神である。

　さらに、キリストが復活して天に上り、人々の前からは姿を消した後には、代わりに「神の霊《スピリット》」（元来は「神の息・息吹」の意）が地上に下された。これを「聖霊」と呼ぶ。この神の霊・聖霊もまた神である。こうして、「父なる神」「子なる神」「神の霊（聖霊）」という三つの姿が神にはあることになる。

　しかし「神そのもの」、つまり「神の実体」は唯一である。唯一の実体である神が、父、子、聖霊という三つのかたち（これを神学用語で神の三つの「位格《ペルソナ》」という）で人と関わるのであり、三柱の神がいるのではない。このようにキリスト教の神は「唯一の実体と三つの位格」をもつ。このことを「三位一体」という。神の唯一の実体と三つの位格の関係は、神の「受肉」と並んで、人間の通常の理解力を超えた「秘義・奥義」とされる。

マリアの意味

新約聖書によれば、マリアは神の子イエスを聖霊によって身ごもった。このときマリアはヨセフという大工と婚約中だったが、ヨセフは婚約者の「処女懐胎」を受け入れ、イエスを育てた。「聖家族」である。

刑死したキリストを抱くマリア（ミケランジェロ作）

　聖書にはマリアはあまり登場しないが、後世の信仰ではずっとイエスの周辺にいたとされている。「父なる神」も「神の子」キリストも男性であるためか、マリアはキリスト教における女性的なものを代表するものとして盛んな崇敬の対象となっていった。みどり児イエスを抱く「聖母」、イエスの刑死に立ち会って悲嘆にうち沈む姿などは好んで図像化された。

神学上は「神の母」と称されて、神ならぬ人間のうちで最も清らかな存在とされている。カトリック教会では、マリアは生まれながらに原罪を免れており（「無原罪の御宿り」）、また肉体の死をも免れて天に昇った（「聖母被昇天」）とされるまでにいたっている。

復活とは

イエスは、過越祭《すぎこしのまつり》の前日の金曜日、当時のローマ総督ピラトのもとで磔刑《たっけい》に処せられ、埋葬された。が、翌々日の日曜の朝、弟子の女性たちが墓所に行ってみるとイエスの遺骸が無く、代わりに復活したキリストに出会った。復活したキリストはその後多くの弟子たちに現れ、やがて人々の前で天に昇っていった、とされる。

これがキリストの復活だが、キリスト教ではすべての人が復活すると説く。復活とは、別の人間や存在に生まれ変わる輪廻ではなく、「霊界」など別世界への転生でもない。同じ人物として新たな肉体をまとい、この地上に復活するのである。ただしそれは、この世が終わる「終末」のときのことで、その後に最後の審判が下されて善人たちは永遠の至福に入り、悪人どもは永劫の罰に沈むと考えられている。

復活思想の背景には、人間をあくまで身体を備えたものとして捉える人間観がある。ただし「復活の身体」は「霊の体」とも言われ、現在の人間の肉体と同じものと考えられているわけではない。

預言者《よげんしゃ》とは

神の言葉を直接に受けて、これを人々に伝えるべく神に命じられた人を預言者《プロフェット》という。神の言葉を預かる者の意で、未来を予言する「予言者」とはことなる。

ユダヤ教、キリスト教、イスラム教に共通の概念だが、狭義には旧約聖書にその名を冠した書物が含まれているイザヤ、エレミヤ、エゼキエルの三大預言者、ホセア、ヨエル、アモスなど十二の小預言者を指す。広い意味では、ノアやアブラハム、サムエルやエリヤ、エリシャなども預言者であり、この意味では旧約聖書で最大の預言者はモーセである。旧約聖書の多くの部分はモーセに啓示されたものとされてきた。

ユダヤ教では、紀元前五世紀のエズラやネヘミヤを最後に、預言者は現れなくなったとされるが、新約聖書ではシメオン、アンナといった預言者が登場する。イエスの活動の先触れとなった洗礼者ヨハネも預言者である。イエス自身は、もはや神の言葉を預かる者ではなく、「神の子」であり「神の言葉」そのものなので預言者とはされない。イスラム教ではムハンマドが最大で最後の預言者である。

原罪《げんざい》とは

キリスト教の人間観では、すべての人は罪人だとされる。罪とは、根本的には、神との正しい関わり方が失われている状態を言う。生まれたばかりの嬰児もすでに罪を負っているとされることもある。

エデンの園でアダムとエヴァ（イブ）が創られたとき、アダムもエヴァも罪人ではなかった。しかし二人が蛇にそそのかされて神との約束を破り、神を裏切って「善悪の知識の木」の実を食べたとき、二人は罪に堕ちた。これが最初の罪という意味で原罪とされることもある。この報いとして二人は楽園を追放され（失楽園）、生の苦しみとその果ての死が人間の定めとなった。

つまり人間そのもののあり方が歪《ゆが》んだものとなったのであり、すでに罪人となったアダムとエヴァから生まれたすべての人は生まれながらに罪を負っている。これが原罪である。この原罪から、さまざまな悪しき行為が生まれてくる。そうした罪がキリストの死によって贖《あがな》われ、赦《ゆる》されて、神との正しい関わりが回復されることが救済である。

キリスト教美術

三世紀頃から礼拝所や墓所に図像が描かれ始めるが、とくに四世紀のキリスト教公認以後、教会堂の壁などに大きなキリスト像などが描かれるようになった。その後東方教会では、イコン（聖画像）と呼ばれる図像が発達する。

イコンは、美術というよりも、それ自体が神聖な崇敬の対象であるため、画家の独創性は重視されず、リアリズムとは遠い様式に従って描かれる。描かれたキリストやマリア、聖人等を観賞するのではなく、イコンを通してキリストやマリア自身を礼拝し、視線を交わして祈るためのものとされる。

西欧のカトリック教会では、中世以降、とりわけルネサンス時代には、教会は大規模で壮麗な美術作品の制作の場となった。キリストやマリアの生涯をはじめ、新旧約聖書の物語、聖人や奇跡譚などが画題とされ、聖人たちは持ち物で誰かが判るようになっていく。

内部を飾る絵画や彫刻だけでなく、教会建築自体もキリスト教美術の精華である。プロテスタント教会は、偶像崇拝に通じかねない図像、彫刻類を礼拝の場である教会から排除する傾向が強く、教会内に掲げられる十字架もキリストを伴わないものになっていく。

ユダヤ教とキリスト教の違い

キリスト教はユダヤ教を地盤として誕生した。イエスはユダヤ人であり、彼の活動はユダヤ教内部での改革運動とみることもできる。

しかし、キリスト教がひとつの宗教として確立していった紀元二〜三世紀は、ユダヤ教自体も大きく変質した時代だった。エルサレム神殿がローマ帝国によって破壊され、ユダヤ人がパレスティナの地から追放されたため（いわゆる離散《ディアスポラ》）、神殿祭祀中心のユダヤ教から律法の遵守《じゅんしゅ》を唯一の規範とするユダヤ教、いわゆるラビ（教師）・ユダヤ教となっていく。以来ユダヤ教は、移住した各地で父祖伝来の律法に従う生き方を守りながら、やがて来る救世主《メシア》を待ち望む宗教として存続していく。

一方キリスト教は、イエスこそその救世主であるとする。イエスをキリスト（ギリシア語でメシアの意）と信ずることで救いが実現したと説く。さらに七世紀には両宗教の強い影響下にイスラム教（イスラーム）が成立する。この三宗教は、全知全能の神による世界の創造と支配、終末、信仰、等の基本的考え方を共有しており、そのためかえって鋭く対立することにもなった。

旧約聖書と新約聖書の違い

旧約聖書はユダヤ教の聖典で、三十九の文書から成る。創世記、出《しゅつ》エジプト記など、モーセが書いたとされるモーセ五書、ヨシュア記、士師記などの歴史書、ヨブ記、詩篇などの諸書、イザヤ書等の預言書が含まれる。他に、第二正典、外典、等と呼ばれる文書九編が加えられることもある。最古の部分は紀元前十世紀頃にさかのぼるとされるが、現在のかたちにまとめられたのは紀元前二世紀頃である。

大半が古代ユダヤ人の言語だったヘブライ語で記され、近年は「ヘブライ語聖書」とも呼ばれることも多い。「旧約（神との古い契約）」という言い方はキリスト教での呼称であり、ユダヤ教徒にとってはこれ以外に聖書はないからである。

新約聖書は、イエスの言行録である四つの福音書、弟子たち、とくにパウロの事績を記した使徒行伝、パウロはじめ使徒たちの書簡二十一編、そして使徒ヨハネが見たとされる世界の終末の様を語ったヨハネ黙示録から成る。当時の公用語だったギリシア語で書かれ、紀元一世紀末から二世紀にかけて成立した。キリスト教は、新約、旧約の双方を聖書の正典としている。

ロザリオ

おもにカトリックで行われる、数珠を用いた祈りのやり方で、数珠自体もロザリオと言われる。薔薇《ローズ》が語源。一個の大珠と十個の小珠が一組をなし、それが五つ連なって環をなしている。それに、端に十字架をつけた五つの珠からなる部分が付いているものが標準的である。木の実、穀物の種、小石や貴石で作られ、珠を繰って回数を数えながら短い祈りを繰り返すために用いられる。

中世初期から用いられてきたが、十五世紀から続く伝統的なロザリオの祈りでは、受肉（誕生）から復活・昇天にいたるキリストの生涯と、それに続く聖霊降臨、マ

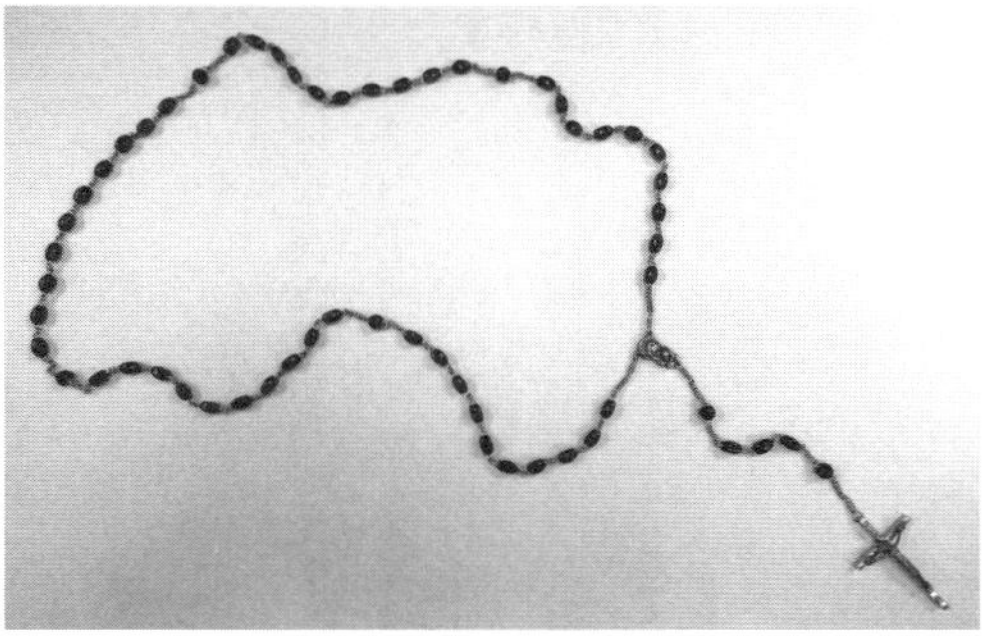

ロザリオ

リアの被昇天と天上での戴冠まで、十五の秘義（玄義、奥義、神秘とも言われる）を順番に黙想する。

それぞれの秘義について、大珠ごとに「主の祈り」を、一小珠ごとに「アヴェ・マリア」を唱え、さらに「栄唱」を唱える。十五の秘儀を黙想し終えるには、環を三周し、アヴェ・マリア百五十回、栄唱と主の祈りを十五回唱えることになる。これが一セット（一環）で、これを何度も繰り返すこともある。現在では、ロザリオを用いた他の祈りも工夫されている。

ローマ法王の存在と仕事

カトリック教会の最高位聖職者をローマ法王と通称する。カトリックではローマ教皇、あるいはたんに教皇と呼ぶ。英語で「ポウプ（Pope）」、ラテン語では「パパ（Papa）」で、元来は「（信仰上の）父」の意である。現在はバチカン市国の元首を兼ねる。

古代以来のカトリック教会では、一般信徒の上に司祭、その上に司教という聖職者階層があり、ローマ教皇はもとはローマ司教として他の地域の司教と同列だった。が、帝国首都の司教であり、初代ローマ司教は十二使徒の筆頭とされるペテロとされたため次第に重要性を増し、西方教会（カトリック）では全キリスト教徒の最高位と見なされるようになった。ただし西方教会と分離した東方教会（オーソドックス）はローマ教皇の首位権を認めない。また宗教改革でカトリックと決別したプロテスタント諸教会は聖職者制度自体を否定している。

カトリックでは、教皇は教義や教会運営にかんする最高決定権を有し、教義についての教皇の正式判断は不可《ふか》謬《びゅう》（誤ることはありえない）とされる。教皇に次ぐ位にある枢機卿《すうききょう》団の会議（「コンクラーベ」）で投票によって選ばれ、任期は無制限。現在の教皇フランシスコはペテロから数えて二百六十六代である。

守護の天使と守護聖人

鈴木 隆

◆守護の天使

カトリック教会では、イエス・キリストの誕生、死と復活、昇天《しょうてん》と聖霊降臨《せいれいこうりん》といった出来事を思い起こしながら一年間を過ごすことができるように典礼暦《てんれいれき》が組まれている。クリスマスを準備する待降節《たいこうせつ》（アドベント）で始まり、王であるキリストの祭日でその一年を閉じる。

その典礼暦に中には、祝日、祭日と聖人を記念する日としての聖人暦が組み込まれていて、その一つに十月二日の「守護の天使」がある。

キリスト教では、神が天使を造られて一人ひとりを護《まも》っているという信仰が、古くからあった（今日《こんにち》、プロテスタントの多くの教派では、天使と聖人に対する崇敬《すうけい》を行っていない）。

これは、聖書の記述に基づいたもので、詩編《しへん》には、

「主《しゅ》はあなたのために、御使《みつか》いに命じてあなたの道のどこにおいても守らせてくださる（91・11）」

とある。

新約《しんやく》聖書のマタイ福音書《ふくいんしょ》では、

「天使たちは天でいつもわたしの天の父の御顔《みかお》を仰《あお》いでいるのである（18・10）」

と記され、また、ルカ福音書には、イエスがオリーブ山で祈っておられるとき、

「天使が天から現れて、イエスを力づけた（22・43）」

と記されていて、私たち一人ひとりの願いを神に執《と》り成《な》

して、私たちを力づけてくださることを伝えている。その天使の存在に思いを致《いた》し、執り成しに感謝する日が十月二日と定められているのである。

◆天使とは

天使とは何かについて、聖《せい》アウグスチヌスは次のように語っている。

「『天使』とは、本性《ほんせい》ではなく、役目を指していることばです。それでは、その本性をあなたは何と呼ぶのですか、とあなたは問うでしょう。その答えは霊《れい》です。役目は、と問われれば、天使と答えます。何であるかといえば、それは霊で、何をするかというのであれば、それは天使なのです。（詩編講解《こうかい》）」

と。大きな翼をもって空を自由に飛び回る天使の絵画によって、天使がまるで生き物のようにイメージされてしまっている嫌いがあるが、この記述から理解できるように、天使は役目をもった「霊」であって、そもそも描くことすらできない目に見えない存在なのである。

第二バチカン公会議《こう》以降は、天使について語られることが少なくなったが、今日の教会の信仰を書き記した『カトリック教会のカテキズム』でも、これを公式の見解として掲げている（３２８―３３６）。

◆教会生活の中で

イエス・キリストの最後の晩餐《ばんさん》の型どりによって、死と復活の記念を行うミサ聖祭《せいさい》において、天使の取り次ぎを願うことばが唱えられている。ミサの初めの罪を認める回心《かいしん》の祈りでは、

「……聖母《せいぼ》マリア、すべての天使と聖人、そして兄弟の皆さん、罪深いわたしのために神に祈ってください」

と全会衆《かいしゅう》が声を合わせて唱える。そして、「感謝の賛《さん》歌《か》」の「聖なるかな、聖なるかな……」は、もともと天使たちが神のみ前で賛美していることばで、教会は天使たちと声を合わせて歌い、神を礼拝《れいはい》する。

このように、教会生活の中では、天使の助けを願ってともに祈りを捧げる。そして、私たち人間は、生涯にわたって天使たちの保護と執り成しを受けていると、信じているのである。

◆聖ミカエル　聖ガブリエル　聖ラファエル

　教会の聖人暦は、九月二十九日を「聖ミカエル　聖ガブリエル　聖ラファエル大天使」の記念日としている。この三大天使は、神のみ前にいると信じられてきた七大天使の中に入る。

　ミカエルとは、「神と似た者」という意味である。旧《きゅう》約《やく》聖書では、イスラエルを助ける天使として描かれ（ダニエル書10・13）、また新約聖書では、悪魔と戦った（ヨハネの黙示録12・7）とも記されている。聖フランシスコ・ザビエルが日本に着いた日は一五四九年八月十五日だが、キリスト教宣教《せんきょう》の許可が出たのは同年の九月二十九日であったことから、ザビエルは聖ミカエルを日本の守護者と定めた。

聖ミカエル（ルカ・ジョルダーノ画）

　ガブリエルとは、「神の力」という意味である。旧約聖書では神のメッセージを預言者《よげんしゃ》に伝えている役割を果たしていて（ダニエル書）、さらに新約聖書の中では、ザカリアに洗者《せんしゃ》ヨハネの誕生を、聖母マリアに救い主イエスの誕生を伝える（受胎告知《じゅたいこくち》）という特別な役割が記されている。メッセージを伝えることから、通信・報道の保護者といわれる。

　ラファエルとは、「神はいやされた」という意味である。旧約聖書には、人びとの祈りを聞き入れて神に執り成す役目（トビト記）をもつ天使として、また、エチオピア正《せい》教会の旧約聖書に収められたエノク書では、堕落した天使たちに汚された地を清らかにする天使として描かれている。旅人、薬関係の仕事に携《たずさ》わる人、パイロットの保護者といわれている。

聖ラファエル（ティツィアーノ画）

◆聖人とは

生前にイエス・キリストに倣《なら》って聖なる生活を送った人は、聖人として教会共同体の中で敬意を受け、私たちは聖人たちの、祈りと願いを神に執り成す力に、思いを寄せている。聖人とは何か、分かりやすく説明した文章があるので紹介しよう。

「聖人とは、生存中にキリストの模範に忠実に従い、その教えを完全に実行した人たちのことであり、神と人々のために、またその信仰を守るためにその命をささげるという殉教《じゅんきょう》もその証明となります。

福者《ふくしゃ》の列に加えられた後（列福《れっぷく》）、もう一つの奇跡が前提となり、福者と同様な調査と手続きを踏んで教皇《きょうこう》が公に聖人の列に加えると宣言し（列聖《れっせい》）、その式（列聖式）はローマの聖ペトロ大聖堂で盛大に執り行われます。教会が聖人として公に認めるということは、天国の栄光の中にいること、全世界の人々がその聖人に取り次ぎを願ってよいこと、崇敬するに値《あたい》し、世界中の全教会で公にこの聖人の日を祝うことになることを意味します。

日本の教会に関係する聖人では、聖フランシスコ・ザビエルをはじめ、日本二十六聖人殉教者、聖トマス西と十五殉教者、聖マキシミリアノ・マリア・コルベ神父《しんぷ》がいますが、今でも彼らを崇敬するのは現代社会にあって福音的な生き方の模範になる人だからです。

さらには今、神のもとにいる聖人が私たちのために執り成し、やがてはこの世を去る私たちが神のもとで永遠の喜びにあずかるように祈るという〝聖徒《せいと》の交《まじ》わり〟を信じるからこそ、特に日本と深いかかわりのある聖人をこころから慕《した》い、祈り求めるわけです」（カトリック中央協議会ウェブサイトより）

今日のカトリック教会では、新たに聖人の列に加えるための審査が、教皇庁《ちょう》の列聖省《しょう》によって行われている。先の二人の教皇、ヨハネ二十三世とヨハネ・パウロ二世が二〇一四年四月二十七日に聖人の列に加えられたことも、記憶に新しい。

◆聖徒の交わり

キリスト教の信仰は、「信仰宣言」に簡潔にまとめられている。それは、最初の二つの公会議を経て、東方《とうほう》（正教会）と西方《せいほう》（カトリック教会）のすべての主要な教会で共通なものとなっており、公会議開催の地名から、「ニケア・コンスタンチノープル信条」と呼ばれている。この信条では、父と子と聖霊《せいれい》の三位一体《さんみいったい》の神を信じ、イエス・キリストの誕生・受難《じゅなん》・復活の神秘を信じ、そして、すべての人の永遠のいのちを信じることをうたっている。

その宣言の中に、「聖徒の交わり」を信じるという表現がある。これは、「聖なる普遍《ふへん》の教会」を信じることを宣言した後に続いて唱えることばであって、教会はすべての聖徒たちの集まりに他ならないことを思い起こさせる。そして、この聖徒の交わりは、天上にも地上にも広がりをもって存在し続けているという信仰なのである。

教会は三つの状態に広がっている。地上を旅する私たちの状態と、すでにこの世を去って今は清めを受けている状態と、そして、天国で至福《しふく》に与《あずか》っている状態の三つである。そしてこの地上と天上は交わり合っていると信じている。したがって、この世を去った家族や親類、友人と私たちは、教会としての交わりの中に生きていることになる。そこには愛の交流があり、互いに霊的宝《たから》を分かち合えるとされるのである。

因《ちな》みに筆者は、亡くなった両親に神への執り成しをいつも願っているが、それは聖徒の交わりの中にあるからである。

◆聖人に執り成しを願う

聖人たちも、そして、天使たちも、この聖徒の交わりの中にある。

かつてこの聖徒の交わりは、「諸《しょ》聖人の通功《つうこう》」と訳されていた。このことからも理解されるように、教会の交わりの中で、聖人に執り成しを祈る習慣が一般的になってきた。

そして、聖人はキリストに倣《なら》ってこの世に生きた人であり、その生き方は信仰を生きる私たちにとっての模範にもなっている。カトリック教会では洗礼《せんれい》に際して「洗礼名」を授かる。一般的には聖人の名前をいただき、その聖人のように信仰生活を送ることができるようにと信仰を表明し、執り成しを願う。

因みに、筆者の洗礼名は〝トマス・モア〟である。トマス・モアは、一九三五年にカトリック教会の殉教者として死後四百年で列聖され、政治家と弁護士の守護聖人となっている。筆者は洗礼を受けるに際して、権力に屈せず理想郷をめざして生きる姿に倣おうと、『ユートピア』を著した聖トマス・モアの名を自分自身で選んだ。

窮地《きゅうち》に追い込まれたときには、両親の執り成しとともに、聖トマス・モアにも執り成しを願ってきた。そこで、私の守護の聖人は、洗礼名をいただいている聖トマス・モアということになるだろう。

◆聖人の得意な領域

私自身は、聖トマス・モアが守護聖人とされている職業には就《つ》いていない。しかし、一般的には聖人は、特定の職業や地域、国、教会の聖堂、時には病気の守護となる得意な領域があるといわれている。

過日、若くしてガンを患《わずら》い入院している友人を見舞ったところ、首に聖ペレグリンのメダイ（メダル）をつけたチェーンをさげていた。十三～十四世紀に生き、病人や貧しい人々、社会の周縁《しゅうえん》にいる人々に献身的に奉仕したペレグリンは、自分の足にできた悪性腫瘍《しゅよう》が祈りによって癒《い》やされたという逸話から、ガンの聖人として信仰を集めている。

聖徒の交わりの中で、特定の聖人に、その得意な領域についての加護を祈り願う素朴な信仰が、守護の天使と守護聖人への信心の本質である。

第四章

仏教とキリスト教
相互理解のために

仏教はキリスト教に何を学べるか

安冨 信哉

◆聖地に学ぶ

私たちが、自らの信仰と異なる人たちから何かを学ぼうとする場合、様々な方法がある。その信徒たちと直接に会って対話をする、その人たちの信奉する聖典を読む、信徒の集会に参加し、儀式を参観する、など。アプローチの仕方は多様である。

そんな中でも、私たちがその信徒が奉ずる聖地を訪れることには格別の意味がある。釈尊の生涯の重要なエポックを刻んだいくつかの場所、カピラ城、ブダガヤ、サールナート、クシナガラなど、いわゆる四大聖地を巡礼することは、仏教徒の共通の憧れである。それが叶わなくとも、せめて国内にある宗祖ゆかりの寺院や御旧跡などをめぐりたいとして、聖所を訪れる人たちは少なくない。

他の宗教に帰依する人たちも、これらの聖地を訪ねて、仏教とは何か、ということを肌で感じとる。京都や奈良の古刹を訪ね、古仏や枯山水を鑑賞するアメリカやヨーロッパから来訪した人たち、そのなかにはキリスト教の信徒たちが多いのであろうが、彼らのほとんどが、仏教の宗教的伝統の奥行きの深さを肌で感じとっているに違いない。

私は、大学での在職中、学生諸君とインドの仏跡をはじめ、日本浄土教の故地を中心に、いくつかの旧跡を訪れるという機会に何度か恵まれた。その度に足を運んで学ぶことの大切さを実感した。「百聞《ひゃくぶん》は一見に如《し》か

ず」、まさに見ることは信ずることである

大学院に在籍したある学生が、イタリアの聖地を十日間で周遊するというゼミ旅行の計画を立てた。真宗学専攻の者が、なぜ仏教国ではなく、キリスト教国を訪れるのか。そんな非難を浴びせる学生もいたという。私たちはキリスト教の伝統に眼を開いて、自らの信仰の学びを広やかに、豊かに育むべきではないか。そんな学生の提案に、私は、是非もなく賛同し、十数名の学生たちとイタリアを訪れた。平成十二（二〇〇〇）年三月のことである。

サン・ピエトロ寺院

◆サンカリスト・カタコンベを訪れて

イタリア訪問の最後の聖地、それがローマだった。カトリックでは、二十五年に一度訪れる特別な年を「聖年」と呼び、とりわけイエス・キリストの誕生から二千年目に当たるその年は、特別な「大聖年」（ミレニアム）とされるため、世界中から多くの巡礼客や観光客がこの街に集まった。

ヴァチカンに入った私たちは、サン・ピエトロ広場、そして大聖堂の荘厳な美しさに息をのんだ。一六六二年に完成したというが、これだけの建築物を創造した技術力、またその莫大な工費を捻出した経済力には、ただ圧倒されるばかりだった。

個人的なことをいえば、キリスト者の信仰の力を感じさせられたのは、翌日訪れた、ローマ郊外、サンセバスティアーノ門から南方に下るアッピア旧街道沿いにあるサンカリスト・カタコンベであった。ローマのカタコンベ（地下墳墓）は、複雑な迷路のような地下墓所で、三十五カ所、総延長五六〇キロメートルにも及ぶ。ローマ時代、城壁内に信徒の墓地が造れなかったことから

フィレンツェの教会

掘られ、約十万人もの人が埋葬されているらしい。しかし全容はまだ明らかではないという。私たちが訪れたサンカリスト・カタコンベには、初期キリスト教の殉教者たちが葬られている。

神父の案内で、四層の地下を降りると、三世紀のローマ市街の一角に辿り着いたように錯覚する。かつて横臥した遺体が納められていた両壁のところどころに、素朴な絵画の跡が見える。そのモチーフの多くは、来たるべき天国の光景を描いたものだ。来世の浄福を夢見て殉教しただろう信徒、それを象徴する女性殉教者セシリアの彫像は、首に大きな傷跡を残し、その突き出した三本の指は、三位一体の信仰をそのまま示し、安らかに身を横たえていた。

◆長崎の殉教地に佇んで

それと同じ質の感動を、私は、西九州のいくつかのキリシタン殉教地、たとえば大村や島原を、妻と訪れたときにも覚えた。慶長十九（一六一四）年、徳川家康が禁教令を出したことにより、以後、キリスト教受難の世の中になった。たとえば、大村領では、当時、六万人の信者と七十の教会があり、日本の小ローマと伝えられたほどであり、そのため厳しい迫害下、多くの殉教者を出した。

日本初のキリシタン大名であった大村純忠《すみただ》のあと、長男の善前《よしあき》は、幕府の禁教の動きを敏感に察知し、領民に先立って信仰を捨てた。純忠時代に破壊された寺院・墓所の復興第一号として彼が建立したのが本経寺であり、大村家墓所である。大きな墓石が立ち並ぶその墓地に佇《たたず》むと、この時代に生きた民衆の呻《うめ》きがかすかに聞きとれるようであった。

島原の乱では、三万七千の農民のうち、三万四千は戦死し、生き残った三千名の女と子供は、落城の翌日から三日間にわたって斬首《ざんしゅ》されたという。天草キリシタン館には「天草四郎陣中旗」をはじめ、ロザリオ、マリア観音などが展示されている。私はその過酷な弾圧に斃《たお》れた殉教者たちに想いを馳せた。

天草のキリシタン墓地

それでもなお、隠れキリシタンとして信仰を保持した多くの人たちがいた。江戸時代の長い禁圧時代の中で、幕末、浦上のキリスト教弾圧に際し、観音像を聖母マリアに擬した聖像が多数没収されたという。問題は、その信仰が変質したか否かということである。禁教令が解けた明治の初め、その生き残りの人たちの信仰を調べた宣教師は、二百五十年の間、一人の神父もいないでキリスト教の信仰を正確に伝えてきたことに大変に驚いたという。

◆仏教者なんぞ自重せざるか

信仰というものは、かくも強い力を有するものなのか、かくも厳しいものなのか。私は、キリスト教の聖地を訪れるとき、そのような強い衝撃を受ける。

キリスト教徒を意味するクリスチャンの一つの義意は、〝キリストらしくある者〟ということだ、とある神学者に伺ったことがある。ローマあるいは長崎の殉教者たちは、十字架を背負ったイエスのありようを実践した信徒の姿を刻み、今に伝えている。私は、キリスト教に、身命を賭《と》して『聖書』の福音を実践するクリスチャン像を重ねる。そのような純潔な信仰者の姿を一人の仏教者として学ぶ。

私は、自ら仏教者であることを自明のこととし、その厳しさをいま忘れているのではないか。名のみの仏教者ではないのか。私の身近におられるキリスト者に接するごとに、そう実感せずにはおれない。キリスト者は、私に、自分が仏教者であることの意味を問いかけてやまない。

※イタリアの写真は窪田純氏提供

キリスト者が仏教から学んだこと

小野寺 功

◆敗戦体験とキリスト教

日本人は、生まれながらの仏教徒であるといわれる。私にもその体質は濃厚に備わっているが、ある時期までは、仏教とかキリスト教を、とくに意識することはなかったと思う。

しかし旧制中学の最も多感な時期に経験した敗戦体験は、私の素朴な信仰や、国家主義的イデオロギーを一変させ、瓦礫《がれき》と化してしまった。このショックは生涯消えることなく、私に、はじめて深刻な哲学的、宗教的関心を呼びさましたといってよい。

その後、戦時中の勤労動員の無理がたたって発病し、故郷の花巻病院に入院していた一時期があった。その時、兄が見舞がてら差し入れてくれたのが、鈴木大拙の『霊性的日本の建設』（大東出版社）であった。内容は大変難しかったが、序文のつぎの文章は、私がその当時無意識に探し求めていたもので、深く共感させられた。

「自分の主張はいつも、自らの内から出るものを主体として、物事を考へて行かなくてはならぬ、と云ふのである。この自覚に徹するとき吾等は本当に日本的なものを攫《つか》み、兼ねて世界的なものに通ずることができるのである。」

私はいまでもこの大拙の「日本的霊性的自覚の世界性」という主張が、敗戦による精神的な自信喪失から私を救い出してくれたことを、大変有難く思っている。

その後もしばらく精神的放浪が続いたが、ある日偶然入った盛岡市の古書店で、カトリックの哲学者吉満義彦の『哲学者の神』と出会い、「宗教と哲学と詩」が一つになったこの思想にひどく魅了された。そしてこれが動機で、一九五一年に上京し、上智大学で学ぶことになった。

しかし実際に哲学科に入学してみると、期待した吉満先生はすでに亡く、非常に失望させられた。ただ学生寮の舎監だったボッシュ神父に公教要理を学んで、やがて受洗に導かれたことは、私の人生にとって、全く新しい分岐点となる出来事であった。

◆デュモリン神父との出会い

学部では「ハイデガーにおける超越の問題」を専攻したが、ニイチェ以後のニヒリズムの克服には不十分な気がして、大学院では西田哲学を研究しようと考えた。しかし哲学科長のジーメス教授は、西田哲学は厳密な意味で、哲学とはいえないとして許可されなかった。

しかしいかなる天の配剤か、生前の吉満教授や鈴木大拙とも親交のあったデュモリン神父の指導の下で、アウグスチヌスの研究に取りくむことになった。これは願ってもない幸いで、西田哲学は自分の課題として、これと並行して学び続けることにした。

デュモリン先生は、一九三五年に来日され、西洋の哲学や神学に精通されたカトリック司祭であると共に、世界的に有名な禅学者でもあられた。そして在日四十年にも及ぶ研究成果として、『仏教とキリスト教の邂逅』（西村惠信訳、春秋社）という先駆的名著を出しておられる。

こうした背景からデュモリン神父は常々、仏教徒とキリスト教徒が、互いに尊敬の念をもって理解と対話をすすめていくならば、東洋と西洋の宗教性のあいだに、必ず何か「共通の根源」が現われる、という予想をもっておられた。

私はこの「共通の根源」を、大拙のいう人間の「霊性的大地」を指すと受けとったが、まだ釈然としなかった。しかし後ほどこの問題にさらに明確な回答を与えてくれたのは、デュモリン神父の傘寿を記念しての、玉城康四郎先生の「仏教とキリスト教の展望」と題する講演であった。

講演の要旨は、「ダンマ理論」からの仏教解釈であり、そこから改めて聖書を通し、キリスト教の聖霊《プネウマ》（神の息・生命）の重要性に論及された。そしてさらにその結論は、ダンマ（法）とプネウマ（聖霊）の一致——そういう立場から仏教とキリスト教の交流、あるいは接点を見出しうるのではないかという趣旨のものであった。

　聖霊は本来が「自覚の霊」であるから、そこには深い根拠があると思われる。そしてこのことは、従来のキリスト教が、「神論」や「キリスト論」にとどまらず、三《さん》位《み》一体《いったい》的「聖霊の宗教」にまで徹底されるとき、はじめて仏教の深い真理性ともエコーし、相互に学びあうことができると考える。

◆仏教に学び、めざすもの

　以上のことは、私が一キリスト者として仏教から学んだ最大の恵みであり、キリスト教の聖霊論的理解を強く促す動機となったものである。

　私はこのことが理解されてから、初めて年来の宿願であった西田・田辺らの日本近代の哲学を、日本的霊性の自覚の論理と捉えつつ、カトリック神学の日本的展開を図る試みに、ある見通しがついてきたといえる。そしてそこから生み出されてきたのは、西欧の論理では基礎づけが難しい「聖霊神学」の展開であった。

　また一方で、仏教とキリスト教の本格的対話という点で、私が最も学ぶところの多かったのは、一九六七年以来、今年（二〇一六年）で五〇回目を迎える「禅とキリスト教懇談会」（禅基懇）である。

　その中でも多くのキリスト者にひときわ深い印象を与え、禅者の原像と思われる御一人は、鈴木格禅老師であった。師は常々私たちに①神を認めずに、禅は不可能ですと言われ、②絶対者をハタラキと捉えなさい、と強調しておられた。そしてこれは恐らく聖霊をさしてのことと思われる。

　また亡くなる前には、「秋、紅葉の散る頃に」と言われ、辞世の句は、出会った人たちへの深い感謝とともに「極月や冥土の門出の月さやか」であった。いま、宗派をこえ、惜しみなく私共を導いて下さったあの優しさと誠実さを想う度、そこにはキリストの面影さえ偲ばれるのである。

　こうした仏教者とキリスト者の出会いの記録は、西村惠信師の『キリスト者と歩いた禅の道』（法蔵館）にくわしい。そしてここには、グローバル化時代の新しい宗教への展望と、その歩みが示されており、深い共感を覚える。

これまで禅基懇で取りあげられたテーマを思い出すと、①私の魂の遍歴、②法と真理、③愛《アガペー》と慈悲、④信と覚、⑤業と原罪、⑥使徒と菩薩、⑦宗教対話と自己変革などがある。仏教に無知であった私は、ただひたすらに「聞く仏教」の学びであった。しかしこうしたすぐれた仏教者たちとの出会いによって、自らの主体性が失われることなく、逆に、キリスト教信仰の最深の根拠が自覚されてきたことを、心から感謝せずにはいられない。

親《しん》鸞《らん》とルターを比較して

加藤 智見

◆ルターへの学び

真宗寺院に生まれ育った私は、大学に入る頃から親鸞についての伝記や小説を乱読しはじめ、自分なりに親鸞のイメージを膨らませていった。

やがて親鸞の著作を読みながら、学部では天台宗系の福井康順先生や菅原信海先生のもとで仏教全体の中に親鸞を位置づける試行錯誤を繰り返すようになり、比較宗教学に興味をもつようになった。

大学院に入ると、さまざまな宗教の信仰と親鸞の信仰を比較しはじめたが、今にして思えば独りよがりの甘い空想のようなものであった。指導教授の仁戸田《にえだ》六三郎《ろくさぶろう》先生から徹底的にこれを打ち破られ、論破された。ぐうの音も出ないところまで追い詰められ、もがき苦しんでいたとき、先生は「ルターをやってみなさい」「徹底的にルターを勉強してから親鸞と比較するように」「それをしないでつまみ食いのように、いろいろな宗教に触れても宗教の本当のところなどわかりはしない」といってくださった。この言葉が私を決めた。

目的がはっきりした私は、まずルター（ドイツの宗教改革者、一四八三～一五四六）の伝記類を、次に彼の著作をコツコツと読みはじめた。すると時代的な背景、宗教的な背景の違いはあっても、両者の人間観・仏や神との出会い方・信仰の気づき方・信仰に基づく生き方・伝道の仕方などに深い共通性があることに気づきはじめた。そしてこの二人が共通する五段階を経て救いに導かれていったことが確信できるようになった。ここでは、この五段階の共通性を振り返ってみる。

◆救いの道、五段階の共通性

〈第一段階〉彼ら二人は、徹底的に自分と向き合い、自分を省察している。多かれ少なかれ宗教には自己省察が絶対的前提になる。これがなければ宗教を単に自己の願望や欲望の道具とすることになり、結局は虚偽の宗教やカルトに至るほかないが、二人はとことん誠実に内省し抜いた。親鸞は比叡山で、ルターは大学をやめ救いを求めて飛びこんだエルフルトの修道院で自己の姿を見つめ続けた。その結果至り着いたのは救われ得ない自己の姿であった。なぜ救われ得なかったのか。

親鸞聖人（京都・西本願寺蔵）

煩悩《ぼんのう》を滅ぼして仏に成る。これが仏教の理想であり目的であるが、親鸞においてはどんなに修行し煩悩を滅ぼそうとしても不可能であった。修行に徹する自分を内省すればするほど、いよいよ煩悩に犯され、悪に沈んでいく自分しか見えなかった。エゴに執着する自分しか見えなかったのだ。絶望する彼は「今生《こんじょう》においては、煩悩《ぼんのう》悪障《あくしょう》を断ぜんこと、きわめてありがたき」ことを気づかされるのみであった。もはや「いづれの行《ぎょう》もおよびがたき身なれば、とても地獄は一定《いちじょう》すみかぞかし」と悲歎するほかなかった。

一方、キリスト教においては、神を信じ善行をなすことによって神に救済されねばならないが、ルターの中には「自己のもののみを求める自己愛以外の何ものも見出すことはできず」、神を信じることも善行をなすことも不可能であった。したがって「この生においては罪なしではあり得ない」と告白せざるを得なかったのだ。神の前で義となるべき修道院にいながら、それが不可能となり、ついには神を憎み、「打ち殺したいという狂気」にさえ襲われることになった。
こうして二人は救われがたい状況に追いこまれていったのである。

〈第二段階〉　しかしこの絶望が二人に大いなるものとの出会いを体験させることになる。

絶望した親鸞は比叡山を下り、尊敬する聖徳太子創建の六角堂《ろっかくどう》に百日間の参籠《さんろう》を行なうが、九十五日目の明け方、夢に観音菩薩が現われ、煩悩に苦しむ親鸞をみずから浄土に導くという夢告《むこく》を受けた。それまで彼は自分の力で仏に近づこう、仏に成ろうとしか考えていなかった。しかし仏のほうから浄土に導き、仏にしようと呼びかけられていることに気づかされたのだ。大いなるものとの出会いに気づいたのだ。

自分の中に自己愛しか見出せず、神の前に義となる可能性を断たれ、ついには神を怒り憎むまでになったルターに、彼と共に悩み苦しんでくれた聴罪司祭のシュタウピッツは「神が君を怒っているのではなく、君が神を怒っているのだ」と諭してくれた。この言葉は彼の胸に響いた。ひたすら神の裁きを恐れていたルターに、そのルターを思いやり、みずから出会おうとする大いなるものの存在が知らされたのだ。深い絶望に沈んでいたからこそその言葉が響いたのだ。やがてこの体験が神との鮮烈な出会いをもたらすことになる。

〈第三段階〉　六角堂での夢告にうながされ法然をたずねた親鸞は、大いなる阿弥陀仏の働き、すなわち本願の働きに気づかされる。

それまで比叡山で知識として教えられていた本願が、正に親鸞自身のために立てられていたことに気づいたのだ。このことは『歎異抄』の「弥陀の五劫思惟《ごこうしゆい》の願をよくよく案ずれば、ひとえに親鸞一人《いちにん》がためなりけり」の言葉によく表わされている。阿弥陀仏が苦労を重ねて考え抜いてくださった願は、正に私のためだったと気づいたのだ。阿弥陀仏の本願にぴったりと向き合い、回心《えしん》を得た。

ルターは、「キリストは……われわれの肉と苦悩に満ち満ちた生の中にまでご自身を低め、われわれの罪をわが身に引き受けてくださったのだ」と気づいた。罪に苦悩し、肉に生き、神に見捨てられて試練を受けるのは、もとよりルター自身であった。しかしその苦悩自体をすでにルターに先立ってキリストみずからがその主体となって身に引き受け、苦悩してくださっていた、と気づいたのだ。さらにそこに、イエスをして人間のために苦悩させた神の苦悩と愛を知ったのである。

〈第四段階〉　第三段階の気づきは、独自な信仰と喜びを生むことになった。親鸞の信心は単なる人間の信心ではなく、本願によって生まれる信心となる。彼はこのことを、仏の願いによってはじめて生まれる信心という意味で「信は願より生ずれば」と表現し、「如来よりたまわりたる信心」と名づけた。さらに「信心よろこぶそのひとを　如来とひとし」とまでいった。如来（仏）の心をいただいたのだから如来と等しい存在にしていただけるというのだ。ここに報恩感謝の生がはじまる。

またルターにおいて、自己の苦悩が神のほうから苦悩されていることに気づいたことは、信じることすら神の意志によって与えられるものとなる。「疑いなく信仰はあなたのわざとかあなたの功績に由来するものではなく……無償で約束し与えてくださっているのである」。それゆえ「信仰はわれわれの内で働きたもう神のわざである」ことになる。神学者ホルはこの信仰を「神の賜物《たまもの》である」と指摘した。信仰を喜び生きることがすべてとなる。

〈第五段階〉　二人の「たまわった」信仰を人に伝える伝道も、独自なものとなる。

親鸞は「弟子一人《いちにん》ももたずそうろう」といった。彼においては信心は自分で作り上げるものではなく、仏からたまわるものであった。だから人々と共にたまわるのみである。ここには師弟関係は成り立ち得ないのである。人々と共に信心をたまわり、感謝をこめて念仏もうそうと伝えるのが彼の伝道となった。

ルターも教会や教皇の権威によって人々に伝道することを否定した。聖書をドイツ語訳するに際し、「家庭の母たちや道ばたで遊んでいる子どもたち、市場で出会う人々に問いかけ、このような人の口のきき方に注意し、これによって翻訳を進めなければならない」といっている。信仰はたまわるものであるから、権威、貴賤や教養の有無にはまったく関係がない。ただ素直に共に神の恩いやり、愛を受け入れ、信仰をたまわることがすべてであり、そこに伝道の基盤がすえられたのである。

　こうして両者を比較してきた私は、大いなるものを求める過程で深い共通性に気づかされた。親鸞のことがわからなくなるとルターに「あなたならどう考えるか」、ルターがわからなくなると「親鸞聖人《しょうにん》、あなたならどう考えるか」と問うた。この二人の求道者への問いかけによって、私ははかり知れないものを得た。

　もちろん両者の背景には、大きく異なる仏教とキリスト教の教理がある。この異なりを忘れて都合のよい共通点だけ取り上げるのであれば、真の比較にはならない。ここが比較のむずかしいところであるが、この点を肝に銘じつつキリスト教を理解しようとしたことが、私の仏教理解に大きな意味を与えてくれたことは事実である。

※なお両者の信仰に至る五段階については、最近の拙著『本当の宗教とは何か——宗教を正しく信じる方法』（大法輪閣）で詳しく触れた。ご参照いただければと思う。

神父が語る　道元《どう》《げん》禅《ぜん》から学んだこと

チェレスティーノ・カヴァニャ

◆坐禅《ざぜん》との出会い

私の坐禅との出会いは母国イタリアでカトリック司祭《しさい》になるための神学校《しんがくこう》にいた頃まで遡《さかのぼ》る。毎日祈りをしていたが、心が行き詰《づま》り、語らいとしての祈りでは満足していなかった時期であった。宗教学の授業で日本で働いたことのある宣教師《せんきょうし》が坐禅を指導してくれて、何人かで坐るようになった。じっと坐って何も考えないでいると不思議な心の静けさを感じた。

私が日本に派遣されてから、最初は東京都五日市町《いつかいちまち》の近くにあるカトリックの禅道場「神冥窟《しんめいくつ》」で愛宮《えのみや》ラサール神父から指導を受け、その後鎌倉の山田耕雲老師《やまだこううんろうし》の指導を受けた。山田老師はよく道元禅師《どうげんぜんじ》の話をしてくれて、道元は不思議な人だと感じながらも親しみやすかった。

禅の知識を深めたかった私は、その後、駒澤大学にしばらく通い、よく指導してくれたのは鏡島元隆《かがみしまげんりゅう》先生と酒井得元《さかいとくげん》先生であった。鏡島先生の深い道元研究と謙遜《けんそん》な姿勢、酒井先生の『正法眼蔵《しょうぼうげんぞう》』に対する情熱、彼らの授業や解説を受けながら道元の生き方と教えを学んだ。

駒澤大学の大学院を修了してから二十五年以上経って研究は続けていないが、特に心に焼き付いているように、私の宗教家としての使命に大きな励ましとなっている次の場面を紹介したいのである。

◆道元のお母さんとの死別

道元が初めて宗教に心を向けたのは八歳の時であった。

「八歳にして悲母《ひぼ》の喪に遇い、香火の煙を観て、潜かに世間の無常なることを悟り、深く求法《ぐほう》の大願を立てり」(『三大尊行状記』)

社会が混乱していた時期に京都で貴族の家で育てられた道元は、常にその生活の空しさを感じたであろう。父を知らず養父と母に育てられ、唯一の頼りであった母が病死し、その葬儀でお香の煙が天に上がるのを見て人生の無常を感じたという。能力が優れて、小さい時から宗教の書物をよく読んでいた彼には、この出来事は出家を考えるきっかけとなった。孤独感が、いのちの本当の意味を求める原動力となったであろう。

八歳の子供がどうしてこんなことが考えられるかと不思議に思われるかもしれない。私は十歳の時に海外宣教をする神父になるために小神学校に入った。親は、こんなことはありえない、あなたはまだ若すぎると言って反対した。神父とは楽な仕事ではない、一生涯独身でなければいけない、しかも世界のどんな危険なところに行かされるかわからないと言って納得してくれなかった。でも私の固い決心を見て親は最後に許してくれた。

あの時を思い出すと、ある宣教師に誘われたのがきっかけだったけれども、どうして親の反対にもかかわらずそう決めたか自分でもよく理解できない。言えるのは私を必要としているものの大きな力が働いて、この道に導かれた。不安もあったが、自分にはこの道しかないと思って人生をゆだねた。

カトリックではこれを〝神の召命《しょうめい》〟と呼んでいる。

◆身心脱落《しんじんだつらく》と只管打坐《しかんたざ》

道元が中国で坐禅修行に熱中していた時、僧堂で一人の修行僧が坐禅中に疲れて眠ってしまった。如浄《にょじょう》禅師はそれを見て大きな声で、「坐禅に専念しなければならないのに眠るとはどういうことか」と叫んだ。夢中で坐禅していた道元はその叫びに悟った。後に禅師の部屋に上って、如浄禅師の前で焼香した。

「なぜ焼香するか」と如浄が聞くと、「身心脱落した」と道元が答える。「身心脱落、脱落身心」と如浄がその悟りを認めたと『如浄続語録』に書いてある。身も心も一切の束縛から離脱して大悟の境地に至った。その時道元は坐禅の姿そのもの（只管打坐）が身心脱落の姿であるとはっきりわかった。如浄禅師はこれを日本の大衆にひろく弘めるように勧めたのである。

　旧約《きゅうやく》聖書は人生の道しるべであるモーセの十戒《じっかい》と、神の霊を受けて神が語らせるままに人を導いたり、励ましたり、慰めたりする預言者《よげんしゃ》たちのことばが主である。新約《しんやく》聖書はイエス・キリストの姿そのものが中心であるが、イエスを理解するのに聖書の次の二カ所が大切だと思う。

「初めに言《ことば》があった。言は神と共にあった。言は神であった。……言は肉となって、わたしたちの間に宿られた」（ヨハネ1・1―14）

「キリストは、神の身分でありながら、神と等《ひと》しい者であることに固執《こしゅう》しようとは思わず、かえって自分を無にして、僕《しもべ》の身分になり、人間と同じ者になられました。人間の姿で現れ、へりくだって、死に至るまで、それも十字架の死に至るまで従順でした」（フィリピの信徒への手紙　2・6―7）

　イエス・キリスト（言《ことば》、ロゴス）は存在の源《みなもと》である神が人間と同じ姿を取ったものである。神の受肉《じゅにく》とも言う。同時に人間として自分を無にし、十字架の死を受け入れられ、復活を通して人に永遠の命を示された。

　存在の源である神、神でありながら人間であるイエスが自分を無にすること、復活を通して永遠の命を証明すること、これらがすべてつながっていて、ここに私は道元の身心脱落の世界に似たものが見えてくる。

　昔から多くのキリスト教信者は神の教えに従って十戒を守り、正しい生活を送り、その報《むく》いとして死後神の元へ、天国へ行けると信じて励んできた。しかしイエスの福音書《ふくいんしょ》を読むと、もっと呼吸の通う慈《いつく》しみと愛の世界、人が生まれながら神の子であり、愛で全ての人を包み、守り、神の愛をこの世にあふれさせる教えが見えてくる。人々に幸せをもたらし、苦しむ人を癒し、希望を与える。このイエスの教えは何かを得るための信仰ではなく、生まれながら神の子として備わっている愛の実践である。別の言い方をすれば、私たちは死後に天国に行くために生涯規則を守ってがんばるのが便宜《べんぎ》的な教えで、本当は神の子として、天からこの世に送られてきたものとして人に救いを与え、愛を与える者となることである。

これは只管打坐の坐禅に似ていると思う。何かを得るための修行ではなく、生まれながらの仏の子として当然の使命を果たしていくだけである。

報いを求めない坐禅（只管打坐）を通して人を導き、人を迷いから解放する教えに、道元の偉大さを見ることができる。

◆和歌集に見える道元の自然感

峰《みね》の色、谿《たに》の響《ひびき》もみなながら
我が釈迦牟尼《しゃかむに》の声と姿と

自我を無くした時、自らを仏の命の一部であることを感じ、すべての生き物や自然現象も仏の命の姿だと悟る。新緑や紅葉の時期に見た永平寺の山、遠くから聞こえてくる渓谷《けいこく》の流れ、これは人に安らぎを与える風景としてだれでも感動する。

私は趣味として写真撮影が好きで、カメラクラブ活動や写真の先生の指導を受けたことがある。「晴れているときは絵葉書になる写真が取れる。曇ったり、雨が降ったり、薄暗い時は芸術写真が取れる」という先生の言葉に驚いたことがある。「きれいだ」、「面白くない」という自我の分別《ふんべつ》の目で見ないで、大自然の心拍《しんぱく》が聞こえる時、また道元が言うように仏の姿と声が感じられる時にすべては美しい。

永平寺の厳しい修行生活で道元はいつの間にか病気になり、病状も進むばかりであった。懐弉《えじょう》禅師に永平寺の席を譲り、治療のために京都に向かった。そこである晩、中秋の名月を見て最後のご詠歌《えいか》を残した。

又見《またみ》んと　思ひし時の秋だにも
今夜《こよい》の月にねられやはする

来年の秋もまた見るつもりだったのに、身体に障《さわ》るのを承知しながらも、二度と見れない今夜の名月をいつまでも眺めていたく、どうしても眠ることができない。そして数週間後に五十四年の生涯を静かに閉じたのである。

耐え難《がた》い痛みをこらえながらも一晩中眺める月に、道元はどう感じたのであろうか。私はこれが死への心の準備だったと思う。道元の心、中秋の名月、仏の姿が完全に一致して彼は生死を超越したのであろう。

カトリック司祭として信者が亡くなる時の葬儀だけではなく、命の危険がある時に家族から呼ばれて〝病者の秘跡《ひせき》〟を授ける。回復と心の安らぎを願いながら祈りをし、頭に手をかざし、額と手に油を塗る。こんな時に人のいろいろな死の迎え方を見た。ひどい時は「どうして死ななければいけない」と医者を呪ったり、家族を呪ったりする人も見た。「痛みに耐えられない」と強い薬を願って意識がもろくなって静かに死んでいく人。最後まで大事な人と話したいため、痛みを我慢するから薬を最低限にしてくださいと頼む人も見た。この経験から人の偉大さは死に方からも確認することができると思うようになったのである。

道元禅師
（福井・宝慶寺蔵）

キリスト教徒の私が日本の宗教の勉強や関わり合いから多く学んできて、自分の信仰を多方面から確認できて深まったように思う。いろいろな人が自分の思いに固執せずに他の宗教から学ぶことは、人間同士の信頼感や平和な関わりを豊かにするということを、日本での三十五年の生活で分かったのである。

禅僧がキェルケゴールから学んだこと

西村 恵信

◆キェルケゴールとの縁

禅僧である私にゼーレン・キェルケゴールとの縁を結んでくれたのは、洛西花園の小さな書店でたまたま手にした一冊の本であった。それは昭和三十（一九五五）年のこと、私が大学三回生となって卒業論文のテーマを巡り、あれこれと自分のなかで逡巡していた時であった。

たまたま書店に積んであった雑誌『理想』の二六九号は、キェルケゴール没後一〇〇年の特集「キェルケゴールと現代」であった。それに手を出した瞬間は、まさにわが人生に於ける決定的一瞬であったと言っても、決して誇張ではない。私はその中にあった二つのフレーズを見て、いっぺんにその虜《とりこ》になってしまった。

一つは、「いかにして真のキリスト者となるか」という下りで、それは青年キェルケゴールが秘かに抱いた純粋な問題意識であった。これを読んだ時私は、やがて禅僧となるべき自分は、「いかにすれば真の禅僧たり得るか」という、とんでもない問いに撞着《どうちゃく》させられたのである。

二歳の時、生家を離れて禅寺に貰われてきた私は、無自覚のまま小僧としての生活を、寺という特殊な環境の中で、ただズルズルと続けていた。しかしその時いらい、八十歳を過ぎた今日までの凡《およ》そ六十年のあいだ、「真の禅僧であるとはどういうことか」という自己反省が、意識的あるいは無意識的に、私の中から離れたことがない。

それと同時に、「真の宗教者」ということが言えるためには、どういうことが「真」と「偽」を峻別し得るメルクマール（基準）であるかという問題も、いちおうは禅僧として生きようとする自分にとっての、一貫した課題となったのである。

キェルケゴールの場合、父ミヒャエルはかつて自分が荒野で神を呪《のろ》ったことがあったのを自戒し、その贖罪《しょくざい》のために自分の一人息子ゼーレンを牧師にならせようとした。しかし、息子は教会の信者を指導するような聖職者となることを好まず、みずから「真のキリスト者」として、「実存的に」キリストの弟子となることを望んだのであった。できれば私もそのように「ほんとうの坊さんになりたい」、と若かった私は秘かに自分に誓ったものである。

キェルケゴールの言葉で私を虜にしたもう一つのフレーズは、「主体性は真理である」ということであった。臨済禅の宗旨を学是《がくぜ》とする花園大学で、禅学を専攻していた私は、常づね指導教授の久松真一博士から、京都学派の「東洋的無的主体性」ということの論理構造と、これを自己の身上において体験的に確立することこそ禅学徒の実践的課題である旨を、懇々と諭されていた矢先である。

だから私は、キェルケゴールがこれぞ主体性だというそのキリスト教的主体性とは、いったいいかなる内容のものであるか、それは禅が標榜する「無的主体性」とどのように異なるのか、さらに、両者の思想的比較を通して、いわゆる「禅的主体性」が、神への信仰に基づくキェルケゴールの「キリスト教的主体性」に対していかに勝れたものであるかを闡明《せんめい》したいと考えた。それは自分にとって、まことに好個な禅学の卒業論文のテーマであるように思われ、私は自分の総力を結集して論文を作成し、いちおう満足して提出した。

◆キリスト教を通して禅理解が深まる

ところがその論文に対する口述諮問が行われた席上、久松教授は私の論文内容について、一時間半にわたって手厳しい詰問《きつもん》をしてくださったのである。「禅の学徒である君が、このような浅薄なキリスト教理解でもって、世界宗教が対話をしようというこれからの時代に、どうして立ち向かっていくことができよう。やがて危機神学で知られるあのブルンネル教授が、仏教徒との対話を求めてスイスからやってこられるというのに」、という趣旨のことを懇々と語りつつ、あの温和な先生が頬を震わせて叱咤して下さったのである。まさにあの九十分は、キェルケゴールに出逢った時のショックに追い打ちをかけるような、人生の決定的瞬間であったことを忘れない。

私はその時、自分のキリスト教理解の浅薄さを深く反省させせられた。それと同時に私は、東洋的主体性こそ二十一世紀に向かって進む人類の唯一可能な人間像の範であり、これこそ「後・近代人」（ポスト・モダニスト）の理想とする人間像でなくてはならないということを、常づね教場で説かれてきた久松先生の口から、まさかそのようなキリスト教に対する謙虚な言葉が迸《ほとばし》り出ようとはと、先生の意外な一面を見せつけられた思いがした。

この先生の態度を通して私は、禅そのものの在り方についての深い反省をも、同時に自覚させせられたのである。こうして私は、それまで自分が闇雲《やみくも》に信奉していた禅宗に対しても、一定の距離を置いて自己批判的に関わろうとする態度を身に付けるようになったのである。

その後私の人生は、恩師緒方宗博教授からの思いがけない慫慂《しょうよう》を受けて、二十六歳の時単身アメリカに留学してキリスト教を研究することになるなど、それまでには考えもしなかった方向へ人生の舵を切ることになった。私はこの道程を、『キリスト者と歩いた禅の道』（法蔵館、二〇〇一年）のなかで回顧しているので、ここでは繰り返すことをしない。

外国を体験しなければ自国を知ることはできないと言うごとく、私はキリスト教と邂逅《かいこう》することがなかったならば、決して自分の信奉する禅宗の意味を深く味わい知ることはあり得なかったであろうと思う。

私がもしキリスト教を知らないままであったなら、私は禅についてさえとうてい今日のような禅の深い理解を得ることはできなかったであろうことを、いまここに包み隠すことなく告白することができる。私はキリスト教を噛《か》むことによって、自分の持つ禅の理解力を薄めたのではない。むしろ私はキリスト教を通して、禅の理解を深めたことは間違いない事実である。

六十歳の時私は、論文『己事究明《こじきゅうめい》の思想と方法に関する研究』によって、愛知学院大学から博士の学位を授与されたが、その中で禅の思想と実践を究明している論の根底には、私がキェルケゴール研究から学び得たものが通底しているのである。伝統的禅宗教団の内部からは、決してあのような禅思想の究明は不可能であったであろう。

◆「主体性」をどうとらえるか

このようにして、私が自分なりにキェルケゴール研究から得た思想的影響には、すこぶる深いものがあるが、ここにそれらを論ずる余裕はない。従ってここでは、それらの中の一、二を紹介するに留める。

たとえばキェルケゴールは、「主体性」というものを信仰の大前提に置く。彼の思想が「実存思想」と言われるゆえんである。キリスト教では、人間は神によって創られたものである。したがって人間は無条件に神の意に従わなければならない。この考えはややもするとキリスト者の神信仰を消極的にする。キェルケゴールはそういう教会的な信仰態度を否定する。信仰者であることの条件は、信仰者自身の自覚である。彼はそれを「ソクラテス的なもの」と呼んでいる。自覚によって齎《もたら》される内容は、人間の「絶望性」である。人間は精神と身体、永遠と時間、無限と有限の関係として創られた関係存在である。この関係はまさに逆説（パラドックス）的総合であり、うっかりすると崩れるのであり、したがって人間は先天的に絶望的に創られている。これが彼のいう「主体性」の内容である。

仏陀の説いた主体性（「天にも地にも唯だ我れ独り尊し」の宣言）も、その「独尊」は決して軽快なものではなく、苦悩存在にほかならないのである。とうぜん禅の説く主体性もその例外ではない。人間といえども決して他の衆生に勝るものではない。唯このことをよく自覚し得る能力が与えられている点に人間の尊さがある。このことは、ややもすれば傲慢に陥る禅僧の、もって心すべき点であろう。

キェルケゴールがキリスト者であるゆえんは、彼の「主体性＝真理」がそれを創った神と関係する（神の前に立つ）とき、「主体性＝非真理」となる点にある。彼はそういう主体性を「キリスト教的なるもの」と名づけている。神の前に立つ単独者に、神はそのことを自覚させるのである。禅には神のような人間を措定《そてい》する者はない。みずからが静慮《じょうりょ》（坐禅）によって、自分の「主体性＝非真理」を「主体性＝真理」の中で自覚しなければならないのである。この点に於いてのみ、キリスト教と禅は反対であるということができよう。

もう一つ、キェルケゴールの思想において、禅に通じる興味深い点を挙げておこう。それは「真理の伝達」という問題に於ける禅との類似である。キェルケゴールに於ける真理の教師は神（永遠の神が時間の中に降り立ったイエス・キリスト＝絶対的なパラドックス）である。そして神の信仰者であるキリスト者は、真理を学ぶ神の弟子として絶対的逆説の前に立ってパッションを沸き立たせるのである。

キェルケゴールは真理の教師と弟子の間の「真理伝達」においては、イエスと同時代に生きた「直接の弟子」とよりも、イエスと二〇〇〇年を隔てる現代の信仰者、つまり「間接の弟子」とに於いてこそ正しく真理を伝達がなされるといい、これを真理の間接伝達と呼ぶ。

このことは、真理を求めて問うてくる弟子を突き放し、弟子を自己自身に向き換えさせようとする禅の師の、真理の師匠としての正しさをよく証明していると思う。真理の伝達は、弟子が師から遠く離れていればいるほど効果的であるという「実存伝達」の方法こそ、キェルケゴールが禅と通底している端的な例であろうと思う。

最後に繰り返し述べておきたい。私はキェルケゴールから新しいものを学んだのではない。キェルケゴールが私を触発して、私の禅思想を深からしめたのだということを。

禅キリスト教の先駆者・ラサール神父

佐藤　研

◆禅キリスト教とは

「禅キリスト教」という言葉は、新しい造語である（拙著『禅キリスト教の誕生』二〇〇七年参照）。「禅仏教」――この言葉は禅界の人は余り使わないが――という言葉があり、いわゆる「禅宗」を意味する。英語にすればZen-Buddhismである。そうであれば、「禅キリスト教」、つまりZen-Christianityもあって良いだろう、という考えからである。

つまり、宗教的な枠は「キリスト教」であるが、「禅」の修行をまともに身に受け、その内実を「キリスト教」の言語世界に活かしていく、という立場である。多くの場合、それはキリスト教世界を内部から換骨奪胎《かんこつだったい》することにも繋《つな》がる。禅の体験内容をキリスト教的に変質させるというよりも、むしろその逆である。したがって、「キリスト教的禅」や「カトリック禅」と称する人々もいるが、本質から見ると必ずしも正確ではない。そうした「禅キリスト教」的主旨で坐禅を行《ぎょう》じる人々は、現在ヨーロッパや北米、それにオーストラリア、フィリピンなどで大変多い。私の印象では全体の修行者の二、三割ないし（場合によっては）それ以上ではないか、とすら思う。

こうした「禅キリスト教」への道を最初に志向した人物が「フーゴー・ラサール神父」（Hugo Lassalle）であると言える。

◆ラサール神父の生涯と禅

ラサール神父は一八九八年、ドイツのエクスターンブロックで生まれた。一九一九年、イエズス会に入り、一九二七年に司祭《しさい》として叙階《じょかい》される。

一九二九年、日本に派遣され、東京の下町で社会事業を行った後広島へ移った。一九四五年に被曝《ひばく》したが、奇跡的に一命をとりとめた。その痛切な体験から世界平和の象徴として「世界平和記念聖堂」の建立《こんりゅう》を思い立ち、辛苦《しんく》を乗り越えて一九五四年の献堂《けんどう》に至った。

日本を深く愛する神父は一九四八年に帰化し、吉備真備《きびのまきび》にあやかって「愛宮真備《えのみやまきび》」と名乗った。ドイツ語では、その日本名を統合し、Hugo Makibi Enomiya-Lassalle と称する場合が多い。

神父は、日本人の心性を真に理解するには禅を実践しなければならないと思い、一九四三年に初めて参禅した。その結果、逆に自らのキリスト教的霊性《れいせい》を深化させる大きな可能性を禅に発見し、一九五六年から福井県小《お》浜市《ばまし》・発心寺《ほっしんじ》の原田祖岳《はらだそがく》（一八七一～一九六一年）に正式に参禅した。一九六一年には広島市の郊外に坐禅道場「神冥窟《しんめいくつ》」を建てたが、間もなくダム建設のため取り壊された。

その後、一九六二年に東京に移り、一九六九年には東京の檜原村《ひのはらむら》に新たに「秋川《あきかわ》神冥窟」を建設して禅の実践をすると同時に、宗教法人三宝教団《さんぼうきょうだん》管長の山田耕雲《やまだこううん》（一九〇七～一九八九年）の弟子となって参禅に励んだ。また、一九七〇年ごろから毎年数回ヨーロッパ（特にドイツ）を訪れ、数知れぬ摂心《せっしん》を指導して倦《う》むことがなかった。それがドイツを始めとしてヨーロッパにおける坐禅運動興隆の大きな基となった。

この神父の活動を支えたのが、師匠の山田耕雲の、

「禅はいわゆる宗教ではない」

という立場である。坐禅とは、真の事実を体験的に求める道であり、何かを「信じる」宗教ではない。したがって、自分の宗教が何教であろうと誰にでも可能な道である。ただ、キリスト教徒の場合は、己《おのれ》の坐禅体験を自らの責任において、そのキリスト教信仰の中に統合しなければならない、という見解であった。神父の禅活動は、この路線の上を走った。

ラサール神父の摂心は、いわゆる仏教色を脱落させ、

極めて単純化された日鑑《にっかん》の中に、早朝ないしは夕刻のミサが（自由参加の原則で）組み込まれているものであった。ミサ自体が質素な流れを持ち、「イエスと何らかの関係がある人なら誰にでも」――カトリックであろうと、プロテスタントであろうと、それ以外であろうと――開かれていた（厳密なカトリック層から言えば噴飯物《ふんぱんもの》であろう）。このような摂心形式は、神父の独創である。

また神父は、西洋キリスト教の「神秘思想」の中に禅との深い内容的な響き合いを感得し、その主題で詳しい書物を著《あらわ》すと同時に、摂心の提唱《ていしょう》においてもしばしば同主題を取り上げた。

ラサール神父

神父は、その精力的な活動に加え、何よりもその飄々《ひょうひょう》として物に拘泥《こうでい》しない、そして凛《りん》としつつも深い慈愛を湛《たた》えた人格的波及力《はきゅうりょく》で人々に甚大《じんだい》な影響を与えた。それによって、キリスト教徒を含む多くの人を、言説を越えて納得させ、参禅の道にいざなったと言える。

神父は、一九八九年正月の秋川神冥窟摂心の直後渡独してやがて病床《びょうしょう》に伏《ふ》し、一九九〇年七夕《たなばた》の日にドイツ・ミュンスターで没した。

◆評価と現状

カトリックの司祭でありながら坐禅の道に真剣に進むということ、さらにはそれを文書等において揚言《ようげん》するということは、もとよりカトリック界から歓迎されたことではなく、激しい批判にも晒《さら》された。

もっとも、一九六二～六五年の第二次ヴァティカン公《こう》会議《かいぎ》以降は、風向きは神父の活動に味方した。つまり、カトリック教は、この公会議で初めて他宗教にも真理の光の現れを認め、そこから信者が学ぶことを公に認めたからである。

しかし二一世紀の現在では、そうした方向性が一層活性化されているとは残念ながら言いがたい。それでも、現在のヨーロッパ――とりわけドイツ――において、カトリックのみならずプロテスタント圏内からも坐禅を志す一般人の数は下降を見せず、坐禅運動は戦後文化の中に定位置を占めるに至ったと言ってよい。

その重大な一起点が、ラサール神父のヨーロッパにおける坐禅活動であったことは間違いない。神父は、いわば草の根運動としての坐禅運動に火を付けたと言えよう。

◆禅キリスト教の特徴と意義

内容的に少しく触れるならば、キリスト教の神秘思想と禅との共通点は、まず両者におけるその自己放擲《ほうてき》への真摯《しんし》さに見て取れる。

さらには、キリスト教の神秘家たちが「神との合一」(unio mystica《ウニオ ミュスティカ》)と名付ける体験は、それがただひとつの事実世界として立ち現れるという点において、禅の見《けん》性《しょう》と体験的に相即《そうそく》する。別の言い方をすれば、キリスト教徒にとっては、見性とは「見神」のことであり、「神」の中に一切が滅んで初めて――ラサール神父の強調するように――本当の「自己」が発見できることになる。その意味では、坐禅を通しての同じ人間学的究極体験を、言葉を換《か》えてキリスト教的語彙《ごい》で表現しているに過ぎない。

こうした禅体験を「禅キリスト教」的に理解する地平を初めて示そうとした点に、ラサール神父の革命的な宗教史的意義があると言えよう。

この点はこれからも一層綿密《めんみつ》に追究され、実践的に明らかにされなければならない課題であると思われる。

【本書執筆者一覧（五十音順）】

阿部《あべ》 仲麻呂《なかまろ》	日本カトリック神学会理事／カトリック・サレジオ会司祭
岩井《いわい》 昌悟《しょうご》	東洋大学准教授
岩島《いわしま》 忠彦《ただひこ》	カトリックイエズス会司祭／上智大学名誉教授
小野寺《おのでら》 功《いさお》	清泉女子大学名誉教授
加藤《かとう》 智見《ちけん》	東京工芸大学名誉教授
九里《くのり》 彰《あきら》	カトリックカルメル修道会司祭
佐藤《さとう》 達全《たつぜん》	育英短期大学教授
佐藤《さとう》 研《みがく》	立教大学名誉教授
白浜《しらはま》 満《みつる》	カトリックサン・スルピス会司祭／日本カトリック神学院
鈴木《すずき》 隆《りゅう》	カトリック信徒／前「福音宣教」編集長
竹内《たけうち》 修一《おさむ》	カトリックイエズス会司祭／上智大学神学部教授
田中《たなか》 典彦《のりひこ》	佛教大学長
チェレスティーノ・カヴァニャ	カトリック東京大司教区司祭（2014 年 4 月 14 日帰天）
鶴岡《つるおか》 賀雄《よしお》	東京大学大学院教授
奈良《なら》 康明《やすあき》	駒澤大学名誉教授
西村《にしむら》 恵信《えしん》	花園大学名誉教授／（公財）禅文化研究所長
服部《はっとり》 育郎《いくろう》	三重県・林松寺住職／中村元東方研究所専任研究員
藤丸《ふじまる》 智雄《ともお》	浄土真宗本願寺派総合研究所研究員
光延《みつのぶ》 一郎《いちろう》	カトリックイエズス会司祭／上智大学神学部教授
宮元《みやもと》 啓一《けいいち》	國學院大學教授
蓑輪《みのわ》 顕量《けんりょう》	東京大学大学院教授
森《もり》 一弘《かずひろ》	カトリック東京大司教区名誉司教／真生会館理事長
森《もり》 章司《しょうじ》	東洋大学名誉教授
安富《やすとみ》 信哉《しんや》	大谷大学名誉教授

本書は、月刊『大法輪』の下記特集に掲載された原稿をもとにして、執筆者が新たに加筆・改訂し、再編集したものです。

・平成17年 4 月号特集「ブッダ・釈尊を知るために」
・平成17年11月号特集「これでわかる仏教の基礎」
・平成23年 6 月号特集「これでわかるブッダ」
・平成23年11月号特集「仏教から何が学べるか」
・平成25年 2 月号特集「〈徹底比較〉仏教とキリスト教」
・平成26年 3 月号特集「はじめてのキリスト教」
・平成27年 1 月号特集「あなたの守護仏と守護神」
・平成27年 3 月号特集「これだけは押さえておきたい仏教の基本」

【徹底比較】仏教とキリスト教

平成28年 5月 15日 初版第1刷発行

編者 大法輪閣編集部
発行人 石原大道
印刷・製本 株式会社 太平印刷社
発行所 有限会社 大法輪閣
〒150-0011 東京都渋谷区東 2-5-36 大泉ビル2F
TEL (03) 5466-1401(代表)
振替 00130-8-19 番
http://www.daihorin-kaku.com

ISBN978-4-8046-1383-3 C0015